EL ORÁCULO DE LOS MUNDOS ESCONDIDOS

LUCY CAVENDISH

ILUSTRACIONES DE
GILBERT WILLIAMS

Guy Trédaniel
ediciones

Título original: *Oracle of the Hidden Worlds*
Publicado por primera vez por Blue Angel Publishing.

Textos de Lucy Cavendish
Ilustraciones de Gilbert Williams
Traducido del francés por Luisa Lucuix

ISBN : 978-2-8132-2326-5

 La finalidad de estas cartas es la de aportar una guía espiritual y emocional únicamente. No han sido concebidas para remplazar la asistencia o el tratamiento de un médico.

El arte de Gilbert Williams es extraordinario y la mayoría de sus obras están pintadas en gran formato. Para proteger la integridad de estas pinturas y compartir su energía única, las cartas de esta baraja son una mezcla de vistas horizontales (apaisadas) y verticales (formato tradicional).

Esperamos que disfrutes de estas suntuosas imágenes tal y como fueron creadas.

ÍNDICE

Tiradas

El Significado de las Cartas

INTRODUCCIÓN

Vivimos en un mundo precioso que experimentamos con nuestros sentidos. Cuando lo disfrutamos conectados de verdad, resulta un lugar satisfactorio, profundamente bendecido y reconfortante. En nuestro planeta conviven maravillosas criaturas de tierra, mar y aire, altas montañas, bosques magníficos y unos seres inteligentes y sorprendentes. Pero más allá de nuestra mirada se esconden muchas otras maravillas: reinos entre los reinos, mundos entre los mundos. Algunos de estos mundos aún se hallan entre nosotros, inmediatamente detrás del velo de nuestras creencias; otros solo los experimentaremos en el paso de una vida a otra. Todos estos mundos se encuentran cuidadosa y deliberadamente disimulados bajo el velo de aquello que llamamos «realidad» para proteger y preservar su sabiduría y su magia.

Ahora han empezado a revelarse poco a poco y permiten que los descubramos y experimentemos, que los recordemos y restauremos.

Para conectar con ellos necesitamos utilizar nuestra visión interior y nuestra intuición más profunda, volver a nuestro yo más natural, más auténtico, y aprender a escuchar, a ver, a recordar. Su sabiduría nos está llamando, y en esta baraja se esconden algunos de sus secretos y muchos de sus bienintencionados e inspiradores consejos.

La creación de este oráculo ha sido una travesía para mí, durante la cual me embarqué en una especie de cruzada visionaria adentrándome en reinos que, por lo general, necesitan de un profundo trabajo chamánico para ser explorados o de un viaje deliberado entre los mundos. Lo que encontramos en ellos se suele comprender mal en nuestro mundo, tal y como es actualmente: un mundo precioso, lleno de encanto, es cierto, pero un mundo también en el umbral de la próxima etapa de su evolución. Los seres humanos nos encontramos en un punto muy interesante de nuestro desarrollo. Hemos sido seducidos por un mundo que es un producto de la imaginación humana; un mundo cuyos países, dirigidos por las grandes empresas, caen en la trampa de guerras falsas; un mundo en el que lo esencial, lo sencillo, lo bondadoso y lo mágico pasa desapercibido y, en ocasiones, parece alejarse todavía más hacia las brumas, todavía más hacia la profundidad de los bosques, lejos del alcance de la mayoría de nosotros, adormilados como estamos por las drogas actuales: televisión, violencia y falta de esperanza.

Sin embargo, si somos capaces de alejarnos de estas distracciones, empezaremos a encontrar la forma de volver al nivel de consciencia que permite caminar entre los mundos y visitar esas dimensiones, esos mundos escondidos. Algunos son galácticos; otros, reinos del tiempo; otros, aún, lo que llamaríamos el más allá y el mundo intermedio, y en otros casos se trata de los reinos a los que fueron a parar aquellos seres que ya no se sienten seguros cerca de los hombres, mientras la humanizada tierra vuelve a ser un refugio para todos, y no solo para algunos. De aquí a entonces, podemos conectarnos; solo necesitamos deshacernos de nuestras creencias limitadoras y empezar a trabajar plenamente con nuestra capacidad para sentir aquello que se esconde detrás de la fachada de lo que aparenta ser. Este viaje por los mundos escondidos es una aventura magnífica, reconfortante e inspiradora. Los mundos escondidos guardan valiosos regalos. Han sido cuidadosamente conservados en estos lugares en espera de que encontremos fuerzas para abrir el corazón y cocrear un mundo que sea acogedor y seguro para todos. Mientras dure nuestra evolución, podremos conectarnos con las energías celestiales y terrestres si trabajamos con una intención clara y sagrada, apoyándonos en las herramientas divinas creadas expresamente para iluminar los mundos escondidos. Este oráculo es una de esas herramientas divinas.

Algunas personas han servido de intermediarias entre el mundo de los humanos y los mundos mundos escondidos. El hombre ha tratado de penetrar en estos mundos mediante el rito de paso, la meditación y la búsqueda del nivel justo de consciencia que permite ver en el interior y en el más allá. Las personas que con más frecuencia han viajado a estos mundos son los místicos, los chamanes, las brujas y los brujos, los monjes, los filósofos, los curanderos, los videntes e incluso, a veces, los santos. Se ha incluido también al herborista del pueblo, a la hechicera, al sabio, al oráculo y a todos aquellos que, de manera intuitiva, han comprendido que conectarse a estos mundos significa modificar nuestra consciencia y transformar nuestra visión del mundo. Porque, cuando cambiamos nuestra forma de ver, lo que vemos cambia. Donde antes veíamos la cima de una montaña, ahora emerge también una diosa secreta, guardiana de su energía. Donde veíamos una flor, ahora vemos un hada además. Donde solo veíamos una isla, ahora somos capaces de observar el baile de los delfines con el hombre sabio que la habita, entretejiendo la energía de su danza.

Existen numerosas formas de tomar consciencia de nuestra capacidad innata de conectarnos con lo invisible. Todas incluyen un apaciguamiento, una ralentización del parloteo de la mente, una nueva manera de concentrarse y guardar silencio hasta que el mundo se despliegue como los pétalos de una flor. Hay quien toca el tambor, quien canta, quien camina descalzo, quien habla con las plantas. Pero, en el mundo en que vivimos, a la mayoría de nosotros no se nos anima a hacerlo. Incluso la meditación se ha visto distorsionada hasta convertirse en una herramienta de «bienestar», para ayudarnos a ser más creativos, más productivos y a volvernos mejores en nuestros roles sociales preestablecidos. Sin embargo, cuando bajemos el ritmo y nos soseguemos y empecemos a sentir de verdad que estamos recuperando nuestra relación con el Universo, se nos brindará algo mucho más rico: una conexión espiritual con el Divino, con el misterio de nuestro interior, con las maravillas sublimes que nos rodean. Los mundos escondidos no solamente son unos lugares existentes entre los mundos, replegados en otra dimensión; sus misterios también residen en nuestras propias células, en nuestro ADN, en la composición misteriosa de nuestra alma y nuestra consciencia.

Gracias a este oráculo y a las increíbles ilustraciones de Gilbert Williams, un artista que ha sabido ver más allá del velo y capturar la esencia mágica en sus creaciones, tu también puedes encontrar tu camino hacia esos maravillosos mundos tan bien escondidos que ahora se revelan ante ti en el interior de esta baraja. Puedes asomarte a los mundos más allá de esta vida, a los misterios del mundo natural, a los templos de las estrellas y a las energías que animan la eterna rueda de las estaciones. Podrás asomarte al mundo intermedio, de forma segura para ti y para ellos.

Cada vez que contemplaba las sublimes pinturas de Gilbert, sentía una fuerte sensación de familiaridad, de *déjà-vu*. *Yo ya he estado ya allí*, me decía, o *Yo he visto esto ya en un sueño* o *Me he sentido así*, pero no he podido verlo ni sabido expresarlo con tanta elocuencia como él. Es como si sus imágenes levantaran literalmente la especie de telón de consciencia que hemos colocado entre nosotros y esos mundos, en parte para protegernos y no estar todo el tiempo en otro mundo, pero, sobre todo, porque debieron ponerse a salvo y a nosotros se nos enseñó a no creer en ellos. De modo que dejamos de percibirlos con la profundidad y el detalle con el que podríamos hacerlo si nos permitiéramos abrirnos. En espera de esa apertura y para facilitarla, estas cartas se ofrecen para ser tus intermediarias entre los mundos. Lo que aquí se muestra existe.

Una vez que se ven estos misterios, ya no pueden seguir ignorándose. Una vez que se experimentan, se convierten en catalizadores de cambios de vida, del tipo de cambio capaz de devolvernos a la fuente de nuestro propio poder. Y, una vez que regresamos a esta fuente, ya no podremos sino interrogarnos sobre la mercantilización de nuestra vida y reavivar la búsqueda del espíritu. Asomarse a los mundos escondidos equivale a asomarse a los misterios de nuestras otras vidas, de las vidas entre las vidas, de lo que se esconde bajo el barniz mundano de nuestra vida actual. Significa ir más allá de lo trivial, más allá de lo visible, hacia el mundo del espíritu. Y esta es una inmensa misión, que suele necesitar una verdadera preparación.

Con esta baraja, no necesitarás años de estudio antes de poder introducirte en estos mundos. Pero conviene, de todas formas, que los abordes con respeto y honor. Conviene que te trates a ti mismo con esta misma veneración.

Entre los mundos escondidos que se pueden descubrir trabajando con este oráculo, podemos citar:

El más allá

Vivimos numerosas vidas. Cuando abandonamos la forma que tenemos en el momento actual, esta forma valiosa y sagrada, esta articulación del alma bajo forma material, nos «vamos a casa» por un tiempo. Lo que esta casa significa ha sido el origen de un gran misterio. En esta baraja, la vida después de la muerte está representada como una experiencia: los momentos sublimes de reunión, la sensación de paz y de pertinencia, la reconexión con el yo superior y con el conocimiento de nuestras otras vidas.

El mundo intermedio

Cuando nos hallamos entre dos vidas también vivimos experiencias. Durante un tiempo, existimos únicamente como yo superior, es decir, como nuestro yo más conectado, el más pleno. Volvemos a nosotros mismos de una forma muy real y nos conectamos igualmente a otras almas que forman parte de nuestra familia de almas (pueden ser miembros de nuestra familia y amigos, o personas con las que no tuvimos una relación fácil). Aquí reconocemos y comprendemos las razones por las que los conocimos. Es importante tener en cuenta que no solo estamos conectados a seres humanos o a los que fueron humanos en sus encarnaciones más recientes. Estamos conectados a todo: a lugares en y fuera de Gaïa, a todos los animales y a las plantas. Y es que existe un nivel más profundo de parentesco y un círculo más amplio de emparentados de lo que muchos de nosotros podemos imaginar. En realidad, este círculo familiar es infinito y engloba a todas las cosas. En este mundo escondido de la vida entre las vidas, nos conectamos, nos entrelazamos de nuevo y, entonces, nos preparamos para regresar. Puede que lo hagamos en forma humana, pero no es obligatorio. Puede que regresemos a este mismo planeta, pero no necesariamente. Puede que volvamos a la línea cronológica más cercana a aquella de la que nos acabábamos de ir, pero no siempre. ¡Es un mundo tan rico y fascinante para explorar!

Las tierras feéricas

Las tierras feéricas son la parte invisible de la naturaleza. Las hadas son las guardianas del mundo verde, proporcionan energía a la tierra, se conectan profundamente a las plantas y las flores en crecimiento y se aseguran de que reciban todo lo que necesitan. Las hadas protegen, vigorizan, despiertan y alimentan. Son igualmente feroces y protectoras, salvajes y libres. Existen muchos, muchos seres diferentes en el reino de las hadas, y en este oráculo encontrarás algunos.

Los reinos angelicales

Los ángeles son mensajeros. Suelen considerarse los intermediarios entre un ser comúnmente llamado «Dios» y los hombres. Sin embargo, los ángeles son formas de vida interuniversales, capaces de desplazarse entre los reinos, las dimensiones, las galaxias y el tiempo mismo. Están conectados a la fuente de energía creadora. Por lo general son bondadosos y sanadores, pero sus energías también pueden resultar extremadamente feroces y poderosas. Los seres angelicales trabajan para ayudarnos y apoyarnos. Pueden asociarse a personas, lugares y energías particulares. En esta baraja solo se representan aquellas fuerzas angelicales dignas de confianza, buenas e infinitamente cariñosas que se ejercen en el mundo.

Los mundos oníricos

Cuando soñamos, entramos en otros mundos. Al despertarnos, lo normal es que estos reinos desaparezcan de nuestra mente, dejándonos si acaso una vaga percepción efímera, a menudo fascinante, de los lugares y los espacios a los que viajamos durante la noche. En numerosas tradiciones los sueños se estudian, se veneran y se consideran sagrados, porque los más poderosos nos transportan a los mundos escondidos. Este oráculo te permitirá encontrar de nuevo esos lugares a los que viajaste y aprender más sobre la importancia de tus propios sueños, las lecciones que has adquirido y las verdades universales que te fueron reveladas cuando estabas sumido en ese precioso y mágico estado de consciencia.

Los mundos galácticos

Más allá de este planeta existen los cielos, donde viven seres inteligentes de todo tipo. Conocidos a veces como los «seres de las estrellas», habitan otros lugares del cosmos y a menudo interaccionan con nosotros mediante unas energías luminosas y sonoras, enviándonos mensajes telepáticos, recordándonos que formamos parte de un mundo mucho más vasto que nuestro sencillo «rinconcito de tierra». En esta baraja se han representado algunas de estas energías para ayudarte a entrar en contacto con estos extraordinarios mundos escondidos.

Más allá del velo

Si pudiéramos ver, oír, sentir y experimentar con todo el potencial que encierra nuestro ADN de repente, nuestro cuerpo no podría gestionarlo ni, incluso, soportarlo. Sin embargo, podemos aprender a abrirnos poco a poco, como los pétalos de una flor ofreciéndose al sol, para empezar a vislumbrar de una manera más completa lo que está ahí y lo que se esconde más allá. A esto lo llamamos «levantar el velo», un velo entre los mundos que existe para proteger a esos reinos y para protegernos a nosotros también. Cuando empezamos a percibir lo que se esconde más allá del velo, nos volvemos más capacitados para apreciar y sentir la magia y las bendiciones que nos rodean en cada instante de la vida. Estos velos se levantan de forma natural en algunos momentos concretos del calendario: Samhain (hoy llamado Halloween) levanta el velo que existe entre los reinos de los vivos y los muertos; Litha, o el solsticio de verano, levanta los velos en los que se envuelven los reinos de las hadas. Cada luna llena y cada luna nueva, cada solsticio y cada equinoccio, así como cada cambio de estación implica una fusión de lo conocido y lo desconocido, y, durante un tiempo, bailamos juntos. En esta baraja pueden verse y volver a experimentar aquellos reinos que más a menudo se esconden más allá del velo.

CÓMO UTILIZAR TU *ORÁCULO DE LOS MUNDOS ESCONDIDOS*

Puedes empezar a utilizar tu baraja desde este momento, pero merece la pena que te tomes unos instantes para bendecirla primero, suele ser clave. A mí me gusta comenzar sosteniendo y sintiendo las cartas con ambas manos antes de pasármelas a la mano izquierda, la más receptiva y conectada con el lado derecho del cerebro (el lado que, con mayor probabilidad, nos dará acceso a los mundos escondidos).

Siento entonces el peso de las cartas en la mano y las recibo en mi vida. Me presento tranquila y silenciosamente, o en voz alta, y me las llevo al corazón para insuflarles todo mi amor. Acto seguido, me las llevo a la garganta para conectarlas a mi poder de comunicación, y luego al tercer ojo, para obtener una mayor claridad, intuición e inspiración.

También me gusta limpiar las cartas pasándolas por el humo de una vara de incienso o de una planta sagrada. Es igualmente posible darles la bienvenida con música o en silencio. Y, por supuesto, este oráculo puede abrirse donde sea (si estás leyendo la guía que lo acompaña, ¡es que ya lo has abierto!): en el tren, en un café tras un duro día de trabajo, o tranquilamente sentado en casa.

Si deseas limpiar la energía de tus cartas con humo antes de utilizarlas (un ejercicio estupendo para relajarse), la salvia es siempre una elección excelente, al igual que cualquier otra planta que te atraiga. A mí me gusta utilizar un poco de artemisa (conocida también como hierba de San Juan) cuando trabajo con este oráculo, porque es la hierba de los sueños, y los sueños abren las puertas entre los mundos. Cuando la mente racional duerme, los poderes de la consciencia adquieren un mayor grado de libertad y de expresión.

La preparación de la lectura

Lo ideal es disponer de un lugar dedicado en exclusiva a efectuar las lecturas. No se necesita mucho: una mesa sencilla, un lugar tranquilo en el que sentarse cómodamente, una vela y un paño sobre la que colocar las cartas. Yo prefiero que sea de seda; es una tradición entre los cartománticos, por su energía particular. Pero no todo el mundo comparte esta preferencia, la elección es tuya. En cualquier caso, aconsejo que sea sencillo, para que las imágenes de las cartas se distingan bien. Por lo general, un paño recargado de motivos interfiere con las imágenes. No obstante, puesto que todos somos distintos, ¡prueba a ver qué es lo que mejor te funciona!

Me gusta realizar, por lo menos, tres respiraciones largas y profundas. Esto me ayuda a sosegar el ritmo cardíaco y la mente y aumenta mis posibilidades de penetrar en el mundo intermedio. Con cada respiración, me alejo un poco más del mundo cotidiano y me introduzco en el universo mágico de lo sensible, del cual emergerá mi lectura. Suelo encender una vela y trabajar en silencio o al son de una música suave, así como utilizar un difusor de aceites esenciales. En ocasiones no utilizo nada, solo las manos, la respiración y las cartas. (¡Y, a veces, estas son las herramientas más poderosas de todas!).

Barajar y manipular las cartas con una intención sagrada

A la hora de barajar las cartas, lo primero, si tienes manos pequeñas, es girarlas para sujetarlas en sentido longitudinal, en lugar de en vertical. ¿Por qué? ¡Porque es mucho más sencillo! Yo tengo las manos pequeñas, barajo de esta forma, y resulta más fluido y elegante. Otra opción es mezclarlas como si se encontraran dentro de un gran caldero. Para ello, yo coloco las cartas en una superficie plana y, con la mano izquierda, las mezclo en el sentido *deosil* (es decir, en el sentido de las agujas del reloj si te encuentras en el hemisferio norte, y en el sentido contrario a las agujas del reloj si estás en el hemisferio sur). Lo hago así porque *deosil* es la dirección que sigue el sol en su trayectoria, y por tanto esta es la dirección de más poder para tus cartas. No obstante, cuando adquieras experiencia, puedes mezclarlas en sentido *widdershins* (opuesto al *deosil*), para tratar de descubrir lo que se te está escapando o aquello que ha llegado el momento de abandonar, por ejemplo. Si tuvieras un caldero de verdad, podrías colocar las cartas dentro y sacarlas una a una. ¡Sé creativo y disfruta cada vez que interactúes con tus cartas! Cuanto más las utilices más claramente se comunicarán contigo.

Una vez barajadas, posa el mazo sobre la mesa y divídelo en tres montones con la mano izquierda. Reúnelas de nuevo como desees. Ahora estás listo para realizar una tirada.

Cómo formular una pregunta

A mí me gusta hacer mi pregunta en silencio, mientras barajo y me abro a las cartas para que sientan mi energía. Es todo un arte hacer la pregunta adecuada, porque las cartas no van a darnos una respuesta cerrada, de tipo sí/no. Bueno, no siempre. ¡Pueden ser tremendamente francas!

Si no tengo una pregunta concreta, me da demasiada vergüenza o estoy muy nerviosa para preguntar sobre lo que de verdad me preocupa (¡a veces pasa!), lo que hago es pedirles a las cartas que compartan conmigo aquello que más necesito saber. Con las preguntas, sin embargo, creo que las cartas logran ser mucho más precisas y claras. Cuando la persona a la que le estoy leyendo las cartas no se atreve a formular su pregunta, confío en que la sabiduría de la baraja nos entregue el mensaje que esta persona necesita escuchar para la evolución de su alma ese día.

Si la tirada fuera para mí, pienso bien en la pregunta que quiero hacer antes de comenzar la lectura, para luego poder invertir toda la energía de la sesión en permanecer receptiva a los mensajes que me lleguen en ese momento, así como a los que considere durante la preparación. Suelo combinar la pregunta intuitiva-formulada en el momento y la pregunta reflexionada-considerada previamente. Obtengo unas lecturas más profundas y e inspiradoras

Elegir el tipo de tirada

Suelo tender a elegir mis tiradas de forma intuitiva, pero la mayoría del tiempo estoy pensando en la pregunta y en cuál le correspondería mejor. Me gusta crear mis propias tiradas y te animo igualmente a que explores por ti mismo. Es algo que incluyo en mis enseñanzas porque de lo que se trata es de reforzar y ampliar la conexión vibratoria con el Divino bajo sus múltiples formas. Las tiradas pueden ayudarnos a elegir el momento adecuado, a comprendernos mejor, a comprender mejor a los demás y a enfrentarnos a cada situación de una forma nueva, creativa y perspicaz. Como consecuencia, solemos dar con nuevas formas de responder (en lugar de nuestras reacciones habituales) y puntos de vista que ignorábamos hasta entonces. Me gusta que mis lecturas supongan un desafío. No hasta el punto de sentir que la situación me supera, por supuesto que no, pero sí en el sentido de la inspiración que me produce el hecho de intentar cosas nuevas, de optar por el cambio.

En todas mis guías de acompañamiento siempre incluyo, al menos, tres propuestas de tiradas aplicables a cada uno de mis oráculos. ¡Nunca te faltarán opciones! En el caso de esta baraja, me entusiasmaba la idea de crear una tirada del Templo del Alma y otra del Portal. Espero que te tomes el tiempo de experimentar con algunas de estas nuevas aproximaciones, merece realmente la pena ¡y también puede ser muy agradable!

Concluir una lectura

Cada vez que termino una lectura, doy las gracias a los seres con los que me he comunicado, efectúo de nuevo mis tres respiraciones para volver al mundo cotidiano y reúno todas las cartas. También apago las velas que haya podido encender, en señal de que mi sesión con los mundos sensibles ha terminado por ese día y de que puedo volver a mis otras actividades. Me gusta barajar mis cartas entre lectura y lectura para refrescar el orden en el que se utilizaron. Por último, las guardo en su estuche o las envuelvo en su tela de seda y las coloco en un lugar seguro, generalmente en mi altar o cerca de la cama.

Anota tus tiradas

Puede ser muy útil tomar nota de las lecturas, sobre todo al principio, cuando aún estamos descubriendo una baraja. A mí me gusta añadir la fecha, la fase de la luna, la hora, mi estado de ánimo y, por supuesto, la tirada elegida, la pregunta que hice, las cartas que salieron y mi interpretación. Si estás trabajando con este oráculo por primera vez, es el momento ideal para leer atentamente esta guía y tomar algunas notas sobre el significado de cada carta y lo que te hacen sentir. Esta combinación te ayudará a profundizar en tus lecturas y a poner a prueba y desarrollar tu intuición, además de acabar conociendo muy bien la guía. Hay quien prefiere limitarse a seguir la guía; hay quienes no la utilizan jamás. Yo creo que una mezcla de intuición personal y de mensaje de la guía de acompañamiento es siempre un buen equilibrio cuando se trabaja con cartas oráculo y del tarot.

Cómo limpiar la baraja

Dejar que otras personas toquen nuestras cartas es una elección muy personal. En cualquier caso, mi consejo es que primero crees un vínculo fuerte con tus cartas antes de compartirlas con otras personas. No estarás siendo egoísta o maleducado, no tiene nada que ver.

Simplemente, se trata de una forma de asegurarte de estar conectado a tus cartas por un vínculo principal. Así, cuando leas las cartas a otras personas, podrás ofrecerles que las barajen o las corten ellos mismos. Es posible que al hacerlo sientas que su energía se introduce en tus cartas y te entren ganas de limpiarlas. Por otro lado, y al igual que nos pasa a todos, las cartas pueden captar las energías que las rodean y necesitar que las limpiemos de vez en cuando. A mí me gusta ser creativa y convertir el momento de la limpieza en algo delicioso, tanto para mí como para mis cartas.

Algunas formas de limpiar tus cartas:

- Pasar las cartas por el humo de salvia seca o de un ramillete de hierbas secas de tu elección. Suelo utilizar lavanda, romero y salvia juntos para esto. Paso la baraja por el humo de esta mezcla tres veces.
- Trazar un círculo de sal alrededor de las cartas en el sentido contrario al de las agujas de un reloj (*widdershins*) para expulsar cualquier energía que no colabore por el bien supremo de todos. Me gusta encender una vela cuando lo hago.
- Bañar las cartas a la luz de la luna menguante, que aspirará con ella las energías nefastas y las transmutará.
- Si se han utilizado mucho las cartas, volver a colocarlas cartas por orden numérico. Funciona como una puesta a cero, como un nuevo comienzo. Cuidado, esto no disminuye la energía que se haya podido acumular en ellas, solo las ayuda a refrescarse y encontrarse de nuevo.
- Un baño de sonido puede resultar igualmente eficaz para el *Oráculo de los mundos escondidos*. Puedes utilizar un tambor, un gong o una campana para bañarlas en un sonido hermoso y puro hasta que vuelvan a vibrar con la frecuencia más pura posible.

- Las cartas de esta baraja poseen una vibración muy alta y adoran encontrarse en un entorno puro, natural y perceptivo. Son lo suficientemente fuertes par soportar estar donde sea, pero siempre apreciarán una visita a la naturaleza, a un templo, a una clase de yoga o incluso a una iglesia o al lugar «puro» que sea.

Los tesoros de las cartas

Como habrás visto, cada carta lleva asociados un título y tres palabras clave o más, fáciles de reconocer y de comprender. Son como brillantes rubíes, fáciles de reconocer y de comprender. Las cartas poseen un sentido más profundo que podrás explorar con esta guía. Te recomiendo una lectura atenta, meditando sobre cada mensaje. Son palabras que provienen de los propios mundos escondidos o de los seres que los habitan, ¡merece la pena prestarles atención! Cuando contemples las cartas o leas sus mensajes recibirás igualmente mensajes intuitivos. Acompañando a cada mensaje encontrarás una iluminación: una especie de oración que va a iluminarte, una afirmación divina que te ayudará a regresar al camino de tu alma. Tómate el tiempo de integrarlas en tus lecturas para una verdadera expansión y evolución (es parte fundamental del viaje del alma).

TIRADAS

La elección de la tirada influye mucho en el tipo de respuesta que obtendremos de nuestras cartas oráculo. Cada tirada proporciona una estructura y nos ofrece distintas facetas que tomar en cuenta. Merece la pena dedicar un tiempo a explorar lo que las diferentes tiradas pueden aportar a nuestras lecturas, a los mensajes que recibimos y a la globalidad de nuestra práctica espiritual. Bajo estas líneas encontrarás una variedad de tiradas para explorar. ¡Diviértete, profundiza en ellas y disfruta de lo que vayas descubriendo!

Una carta al día: la clave para conocer mejor tus cartas

Me resulta muy práctico, sobre todo cuando trabajo con una baraja de cartas nueva, sacar una carta al día durante dos o tres ciclos lunares. ¿Por qué? Pues bien, porque me encanta sacar una carta cada mañana o cada noche para iluminar mi jornada. Por la mañana, suelo preguntar: *¿Qué os gustaría compartir conmigo sobre el día de hoy?* Luego barajo y corto, y la carta de arriba equivale a mi previsión energética del día. Sacar una carta por la noche me ayuda a darle un sentido al día que se acaba y a preparar el terreno de mis sueños antes de dormir. Es una práctica extremadamente poderosa.

Si te acostumbras a sacar una carta al día durante tres ciclos lunares, obtendrás dos formidables regalos. El primero es un conocimiento práctico y profundo de tus cartas, pues al haber aplicado sus mensajes y su energía a tu propia vida te será mucho más fácil recordar sus significados en futuras lecturas. Y el segundo es que verás cómo empiezan a surgir patrones y te salen algunas cartas una y otra vez, para compartir contigo capas y capas de sabiduría. Esto es muy útil con los motivos y patrones de nuestras vidas.

Cuando leas las cartas a otras personas, te alegrarás del saber hacer y la intimidad con la baraja que te ha proporcionado esta práctica.

A mí me gusta colocar encima del altar la carta que me sale cada día. Si además enciendo una vela y algo de incienso, por ejemplo, me ayuda a empezar el día de una forma más sagrada y espiritual. Es un hábito que sirve para elevar el nivel de consciencia y favorece el aumento de la gracia y la belleza en nuestras vidas.

Cartas saltarinas: cuando la carta te elige a ti

A veces, cuando barajamos, hay cartas que saltan de la baraja de repente, ¡casi como si trataran de llamar nuestra atención! Cuando te pase esto, detente y trabaja con la carta en cuestión. Si estás llevando a cabo una tirada más elaborada como, por ejemplo, la de la Cruz Celta, te aconsejo que reserves esta carta saltarina a un lado, de manera que su energía forme parte de la lectura. Si solo ibas a sacar una carta, no sigas buscando: ¡esta es tu carta del día! Me encantan estas cartas saltarinas, me encanta pensar que han elegido hablarme y me lo están haciendo saber. Me gusta el poder que tienen mis cartas. No son pasivas, sino, de hecho, muy activas, cada una portadora de su propia energía. Me gusta que añadan este pequeño plus de magia a mi jornada.

Cartas invertidas: aquello que debes resistir

Las obras de Gilbert Williams son tan bonitas que recortarlas para que todas tuvieran la misma orientación habría disminuido su poder y su sentido. Asimismo, forzar estas vistas mágicas para que se ajusten a un formato estándar sería como ir en contra de los valores de esta baraja. De modo que la baraja es una mezcla de cartas horizontales y verticales. Las cartas verticales estarán «invertidas» cuando estén del revés. En el caso de las cartas horizontales, la orientación no es tan evidente. Cuando empieces a descubrir tu baraja observarás que las cartas horizontales comparten todas la misma orientación. Para ponerlas del derecho, las girarás en el sentido de las agujas del reloj. Durante una tirada, las cartas que se encuentren al contrario y haya que girarla en el sentido opuesto al de las agujas del reloj, puede interpretarse como cartas invertidas.

El Oráculo de los mundos escondidos nos revela de por sí lo que no siempre es vemos con facilidad, pero a veces, además, nos salen cartas invertidas. Cuando esto te ocurra, te animo a prestar una atención particular a esas cartas. Aunque las cartas de esta baraja no vengan con un «sentido» específico para la posición invertida, siempre puedes trabajar con ellas cuando se presente la ocasión.

Lo primero que has de saber es que las cartas invertidas no son «negativas». Aparecen para ayudarnos a darnos cuenta de aquello que, inconscientemente o no, podemos estar escondiéndonos a nosotros mismos. Para mí, simbolizan un desafío: puede ser un bloqueo, un obstáculo, o que estemos ignorando o negando algo que la carta representa.

Estas inversiones aparecen en mis lecturas de una forma muy natural: simplemente «ocurren». ¡Pero también podemos propiciar su aparición!

Cuando barajes y cortes tus cartas en tres montones, pon del revés uno de esos montones, mételo de vuelta en el mazo y barájalo de nuevo. Corta y extiende las cartas. Estarás viendo de forma deliberada aquello que ignorabas de este tipo de trabajo, y eso es muy valioso; nos ayuda a tomar consciencia de aquello que nos resistíamos a ver o de lo que, sencillamente, no éramos conscientes.

Todos pasamos por periodos difíciles, nadie es perfecto. Estas cartas invertidas no aparecen para juzgarnos, sino para ayudarnos desenmarañar y sacar a la luz aquello que se nos hubiera podido estar escapando hasta ahora dificultando nuestra evolución.

LA TIRADA DE LOS TRES MUNDOS

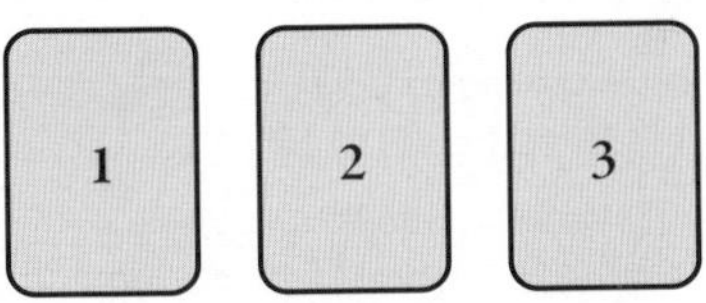

Esta tirada permite explorar el mundo-inferior, el mundo y el mundo-superior.

Baraja y corta las cartas como lo hemos explicado antes.

Coloca la primera carta en la mesa por encima del mazo, a la izquierda; la segunda, en el centro; y la tercera, a la derecha.

Esta tirada con tres cartas tiene numerosas variantes y enseguida les echaremos un vistazo, pero utilicemos la interpretación del *Oráculo de los mundos escondidos* para comenzar:

La primera carta representa el *mundo-inferior*: el de abajo, el que está escondido o aquel que tal vez estemos ignorando. Suele representar nuestro pasado.

La segunda carta representa el *mundo*: el mundo que parece ser, en el que todos aceptamos que es, de manera general, la «realidad». Es aquel por el que nos movemos cada día. Tiene propia magia, pero se percibe y experimenta sobre todo a través del cuerpo y los sentidos.

La tercera carta representa el *mundo-superior*: es la carta de la consciencia superior, el objetivo, la posibilidad, el potencial. Es lo que a nuestro yo superior o a nuestro yo más auténtico, nuestra alma, le gustaría que supiéramos.

Esta tirada con tres cartas tiene muchas posibilidades de lectura, por eso la incluyo siempre en mis oráculos.

Otras formas de trabajar con esta tirada

En lugar de mundo-inferior, mundo y mundo-superior, es posible atribuir distintas cualidades a cada posición. Por ejemplo:

- La doncella, la madre, la vieja
- La posibilidad, el fruto, la sabiduría de una situación
- El cazador, el padre, el sabio
- El iniciador, el yo maduro, el yo más sabio
- El pasado, el presente, el futuro

La tirada pasado-presente-futuro es una de las que enseño y me gusta trabajar con ella. Considera que la carta de la izquierda representa lo que ha ocurrido, la carta del centro muestra lo que ocurre en la actualidad y la última carta aquello que probablemente podría producirse. También pueden simbolizar lo que fue, lo que es y lo que (probablemente) será.

La recomiendo encarecidamente porque, con una estructura sencilla, clara y fácil de utilizar, ofrece mucha información.

EL PORTAL

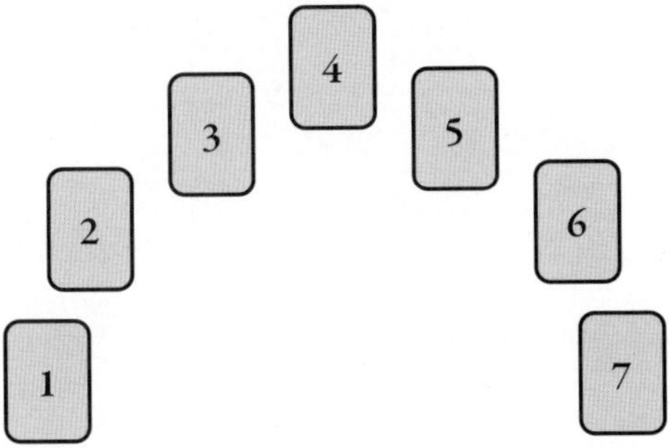

Esta tirada es estupenda cuando tenemos que tomar una decisión importante en la vida. En realidad, es útil para la toma de cualquier tipo de decisión, pero demuestra todo su poder cuando la utilizamos para algo importante de verdad.

Coloca la primera carta a la izquierda; la segunda, ligeramente por encima de esta, y así seguidamente, progresando hacia la derecha hasta formar la mitad de un arco. Luego, tras la cuarta carta, coloca las siguientes hacia abajo hasta completar el arco. Parece complicado, pero, como puedes observar por la figura, ¡no lo es!

1ª carta: lo que se queda atrás.
2ª carta: lo que debes llevarte contigo.
3ª carta: la forma en la que van a cambiar las cosas.
4ª carta: donde reside el valor.
5ª carta: lo que vas a recibir.
6ª carta: por qué ha ocurrido esto.
7ª carta: en quién te convertirás.

MÁS ALLÁ DEL VELO

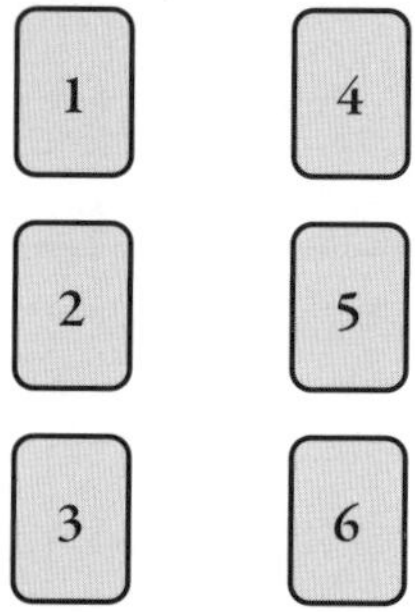

Con esta tirada podrás ir más lejos de «lo que es», adentrarte en los poderes que residen más allá. Obtendrás una idea más precisa de lo que *está* teniendo lugar en las áreas representadas por las tres cartas de cada columna, pero también de lo que se esconde más allá: unas energías más difíciles de discernir, pero extremadamente importantes, significativas e influyentes.

Baraja y corta las cartas, y disponlas a continuación en dos columnas sacándolas de la parte de arriba del mazo. Vas a formar dos columnas de tres cartas cada una, una junto a la otra.

Primera columna

Comienza por colocar la carta de arriba de la columna de la izquierda, luego la del medio y, por último, la carta de debajo. Las cartas de esta columna son las cartas de *lo que parece ser*.

La primera carta te representa *a ti*: la persona que pareces ser, cómo te ven los demás, cómo te ves a ti mismo.

La segunda carta representa *tus relaciones*: en qué parecen consistir, cómo se viven y entienden.

La tercera carta representa *tu trabajo*: lo que es, cómo lo vives, lo que parece que ocurre.

Segunda columna

Ahora, crea una segunda columna colocando la cuarta carta a la derecha de la primera, la quinta justo debajo de esta y la sexta abajo del todo de la nueva columna. Las cartas de esta columna son *lo que se esconde más allá del velo*.

La cuarta carta representa tu *yo oculto*, invisible, el más elevado: representa algo que queda más allá de nuestra comprensión actual y te invita a una expresión de ti mismo más expansiva.

La quinta carta representa *lo que se esconde detrás del velo en tus relaciones:* ¿qué es lo que no vemos en ellas? Te anima a comprender mejor estas interacciones.

La sexta carta te mostrará *lo que reside detrás del velo en el área profesional:* ¿qué sentido tiene que trabajes en eso? ¿Qué fuerzas invisibles están actuando en el mundo ordinario?

EL TEMPLO

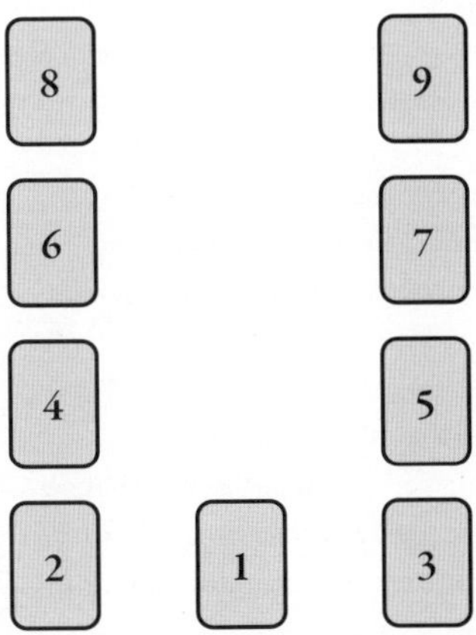

Esta tirada ofrece la posibilidad de abordar nuestra pregunta desde una perspectiva más elevada. No solo proporciona consejos, sino también un modo de alcanzar nuestro objetivo y de cumplir nuestro destino. Es la tirada ideal tanto para formular las preguntas más profundas como para preguntar por las preocupaciones más corrientes. Siempre nos ofrece mensajes perspicaces para encontrar nuestro camino.

Baraja y corta las cartas. Luego, ve sacándolas de la parte de arriba del mazo.

Coloca la primera carta en el centro.

Coloca la segunda carta a la izquierda de la primera. Luego, la tercera a la derecha de la primera.

Sigue colocando cada carta de la manera siguiente, hasta sacar nueve cartas: una, como vimos, en el centro y cuatro a cada lado de esta, formando así ambos lados del Templo.

1ª carta: el fuego

Aquello a lo que tu alma quiere que des prioridad en este momento, lo que actualmente debería estar en el centro de tu devoción. Aquello de lo que debes ocuparte con urgencia. Aquello que está en el centro de tu Templo y aquello que debes cuidar, lograr que evolucione con perseverancia, compasión y devoción.

2ª carta: la sacerdotisa

Esta carta revela cuáles son las energías femeninas significativas de la situación, lo que aportan a la realización que deseas y lo que has de saber sobre su energía.

3ª carta: el sabio

La tercera carta revela cuáles son las energías masculinas significativas de la situación, lo que pueden ofrecerle a la llama del centro de tu Templo. ¿Cómo pueden apoyarte y hacerte más fuerte? ¿Qué debes saber? Esta carta es la respuesta.

4ª carta: el verdadero objetivo

Aquello por lo que mantener encendida la llama. Esta carta revela la razón que se esconde tras lo que ocurre en nuestra vida en este momento; ese significado más importante que se oculta tras los acontecimientos banales.

5ª carta: el camino del espíritu

El camino que está a punto de abrirse ante ti: una oportunidad y una dirección que puedes tomar, si lo deseas.

6ª carta: el anhelo divino

Aquello a lo que aspira tu alma, la respuesta a la pregunta que no te atreviste a formular, ese deseo del que tal vez ni siquiera eres consciente.

7ª carta: la acción sagrada

¿Qué necesitas hacer para mantener la llama y satisfacer el anhelo y el deseo más ardiente de tu alma? Se trata de una carta de acción que indica lo que de verdad puedes hacer en este mundo para cuidar de tu Templo.

8ª carta: el servicio sagrado

Esta carta puede indicarte a qué personas necesitas ayudar, las buenas acciones que podrías realizar para servir al mundo. Esto, a su vez, te resultará de gran ayuda.

9ª carta: el destino del alma

Hacia dónde se dirige tu alma en este momento, tu probable meta final. (Te ruego que tengas en cuenta que no significa el final de tu vida, sino el final de esta parte específica del viaje del alma en esta vida.) Es el momento en el que el Templo estará construido.

LA CRUZ CELTA
(ADAPTACIÓN DE LUCY)

Con los años, he desarrollado una variante de la tradicional tirada de la Cruz Celta que utilizan tantos cartománticos. Como se trata de una adaptación, la disposición es algo distinta. Lo que me gusta de esta tirada es que, aunque al principio pueda parecer larga y compleja, cuando se practica con regularidad y se aborda con paciencia, es posible obtener muchísima información de ella, numerosos matices y perspectivas claves para la comprensión, y verdaderas revelaciones. Es especialmente útil cuando queremos obtener un verdadero conocimiento sobre una situación o una decisión que necesitamos tomar.

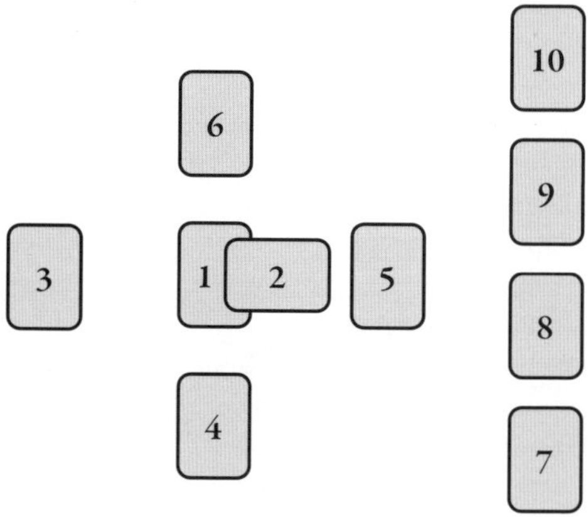

Esta tirada permite que las cartas del *Oráculo de los mundos escondidos* compartan con nosotros numerosas ideas y facetas distintas, y nos indiquen cómo actuar. Creo que ese es uno de los elementos más importantes y estimulantes de esta tirada y una de las razones por las que yo la utilizo la mayor parte del tiempo cuando leo las cartas a otras personas.

Baraja tus cartas y piensa en la pregunta que quieres hacer. Cuando sientas que la energía de la pregunta se ha transmitido a las cartas (lo normal es que sientas de forma intuitiva que ha llegado el momento de parar de barajar), divide el mazo en tres y luego júntalo de nuevo. No dejes de concentrarte en tu pregunta y aborda cada carta que te salga teniendo en cuenta ese contexto. ¡Esto puede significar tanto para la lectura!

Extrae las cartas de la parte de arriba del mazo. Aunque a algunas personas les gusta mantenerlas bocabajo, yo prefiero disponerlas bocarriba. Ve dándoles la vuelta conforme las sacas, revelando así la respuesta a tu pregunta y el contexto de la posición de las cartas. La decisión es tuya. ¡Yo siempre animo a experimentar uno mismo y ver qué método nos va mejor! Mantente abierto, curioso y atrevido. Así siempre te resultará una experiencia enriquecedora y estimulante.

1ª carta: el buscador

Revelaciones sobre la persona a la que estás leyendo las cartas o sobre ti mismo: ¿de quién se trata? ¿Qué tipo de persona es/eres hoy en día? Esta carta representa la energía con la que la persona avanza y se construye en este momento.

2ª carta: la situación

Esta carta trata de la situación actual, de lo que es importante. Puede referirse a un acontecimiento, a otras personas o a una etapa de la vida, por ejemplo. Nos da una idea de aquello a lo que se enfrenta el buscador en el momento presente. Aunque sea un acontecimiento del pasado o del futuro, puede estar muy presente en su pensamiento y su consciencia y ejercer una fuerte influencia sobre él...

3ª carta: el pasado

Esta carta simboliza lo que ha ocurrido. Puede designar un acontecimiento importante del pasado que haya tenido un fuerte impacto en el buscador y esté relacionado con la pregunta formulada. Ya se trate de un hecho ligado a su infancia o de algo acontecido hace unos meses, en el momento de formular la pregunta ya es pasado y pertenece a la historia antigua del buscador.

4ª carta: el pasado reciente y el presente

Esta carta se refiere a la forma en la que el buscador vive en este momento, así como a sus pensamientos y sentimientos. Representa el momento presente y aquello por lo que el buscador está pasando. Observando juntas esta carta y la carta de «la situación» (2ª carta), se puede obtener información más detallada sobre la consciencia y las experiencias actuales del buscador.

5ª carta: el futuro posible

Esta carta representa lo que se está creando en este momento, los acontecimientos o las direcciones que probablemente se presenten en la vida del buscador a medida que avance. Se trata de una probabilidad, no de una certitud, porque cualquiera puede modificar su destino modificando su comportamiento, su pensamiento y su consciencia en el presente. Lo que indica esta carta es cómo podría evolucionar la vida del buscador. Pero solo es una suposición, porque, al final, todo depende de él.

6ª carta: el resultado

La carta simboliza lo que podría pasar teniendo en cuenta todo lo ocurrido antes. Estamos hablando en un sentido muy amplio, relacionado con la vista de conjunto, con el objetivo de la pregunta. Nos permite, por tanto, vislumbrar algo más allá de lo que nos muestra la carta de «el futuro posible» (5ª carta). Todo depende de cómo se resuelve la combinación formada por el destino, las acciones, la voluntad y la intención del buscador.

7ª carta: lo que quiere el buscador

Las verdaderas aspiraciones, los verdaderos sueños y anhelos del buscador se ven representados en esta carta. A veces resulta un tanto misteriosa, y debe leerse en el contexto de la pregunta realizada y del resto de las cartas de la lectura.

8ª carta: la percepción

Esta carta revela aquello que los demás piensan del buscador, sobre todo las personas a las que afecte la pregunta que haya formulado. También puede revelar información sobre la reputación de estas personas y la forma en la que se relacionan con los demás. Se trata de la forma en la que nos ven y nos perciben, y las revelaciones de esta carta pueden ser muy poderosas. Tal vez sea una carta difícil, pero equivale a una fuente de información muy valiosa.

9ª carta: los miedos

En esta carta se revela lo que frena o paraliza al buscador, aunque no sea consciente de ello. Puede sacar a la luz lo que reside en el subconsciente, ¡que no es otra cosa que uno de nuestros propios mundos escondidos!

10ª carta: la mejor acción posible

Esta carta es increíblemente práctica. Revela lo que debe hacer el buscador, cuál es la mejor actitud que puede adoptar, qué comportamientos puede cambiar, los aspectos de sí mismo que puede desarrollar en su interior. Es una carta que anima, que da poder al buscador para cuando tome las riendas de su propio destino y comparta la responsabilidad de la vida que se está creando.

EL SIGNIFICADO DE LAS CARTAS

1. EL TEMPLO DE LA SANACIÓN

Recuperación, sanación, seguridad

Hubo una vez unos templos de sanación a los que se acudía con regularidad para volver a conectarse delicada y sutilmente con el tejido energético de nuestro sistema. El tratamiento consistía en luz, color, sonido y vibración pura, y, gracias a toda la atención que dedicábamos a nuestro bienestar, nos sentíamos completos, alimentados y cargados con la plenitud de la fuerza de una vida equilibrada. Se te está enviando esta energía, revelada por los mundos multidimensionales, en los que todavía se practica este tipo de sanación.

Esta carta marca el principio de un viaje hacia la sanación física, mental, emocional y espiritual. Una aventura de sanación que tendrá lugar debido a un encuentro fortuito con una persona, un lugar o una filosofía que te ayudarán a sumergirte en el proceso de regeneración que está aguardándote. Es una sanación ligada a los métodos que se utilizaban en los templos antiguos, donde la luz y el sonido se mezclaban en el seno de unos espacios perfectamente puros para volver a trabajar y tejer las estructuras energéticas del cuerpo y el alma. Este método ancestral ha empezado a importarse apaciblemente a nuestro mundo y, aunque sea antiguo y de origen sagrado, también puede hallarse en algunos de los más sofisticados hospitales modernos, gracias a los trabajadores y a las tecnologías que están desarrollando, al alcance de todos nosotros para ayudarnos cuando lo necesitamos.

Tu viaje personal de sanación está empezando, y serás recibido, guiado y cuidado mientras dure el proceso. Hay un lugar tranquilo y seguro al que puedes volver, cuya vibración concentrada y elevada es puro amor. Responderás a los cuidados, la energía y la completa inmersión en un ambiente de sanación. Pero, primero, tienes que entrar. El Guardián del Templo te ha abierto los brazos. ¡La elección es tuya!

Iluminación:

Acepto ahora la poderosa sanación que se me ofrece.

2. LA VEREDA DE LOS DIOSES

Decisiones, reuniones, planes de futuro

Tienes ante ti una visión del lugar en el que viven, se reúnen, juegan y se divierten los dioses. La ilustración de la carta muestra a dos seres etéreos, dos hadas de luz, bailando en los campos que se extienden antes de llegar a un magnífico palacio. Han caminado mucho para alcanzar este punto y ahora saben que ha llegado el momento de recibir su misión en el mundo. A ti te pasa lo mismo, amigo mío. En este valle es donde se celebran las reuniones y los parlamentos durante los cuales se discuten y debaten las ideas y decisiones que afectan a nuestro mundo. De sus deliberaciones depende el que una nueva maravilla nazca en el mundo de los hombres o permanezca escondida por un tiempo indefinido más allá del velo, en este lugar sagrado.

En este momento te encuentras sopesando si seguir adelante con un nuevo negocio o proyecto que te llevaría a establecer una relación más estrecha con otra persona. Tendríais una conexión sencilla y buena, bendecida por los dioses que velan por este tipo de cosas. Estás siendo objeto de una pequeña intervención divina, y tu proceso creativo estaría guiado y bendecido por momentos de inspiración pura, en los que ideas provenientes de los otros mundos pasarían por ti para su transición hacia la realidad.

Arraiga todo lo que hagas, conecta a la tierra las energías sublimes que recorren tu interior. Haz amigos por el camino y acoge a estos nuevos aliados en tu búsqueda. Habla con otras personas y aprende. Comparte tus ideas y pregúntate cómo transformar lo imaginario en algo posible. Haz que el proceso sea como un baile, y aquellos que te han confiado esta misión se alegrarán.

Como siempre, eres libre de aceptar o no este papel. Ten por seguro que, cuando llegue el momento, la energía de los mundos escondidos estará ahí para apoyarte en tu tarea y hacer que esta misma energía mágica también emerja en el mundo de los hombres.

Iluminación:
Caminar por mi vereda es una oportunidad divina
para transformar el mundo.

3. DESPERTAR MATERNAL

Compasión, educación, orientación

Se te está dando la posibilidad de experimentar el amor puro y la compasión de la Madre Divina gracias al vínculo entre Su corazón y la magia del arcoíris. La energía del arcoíris es profunda. Transmite esperanza y sanación a través de los centros energéticos del cuerpo: los siete reinos de luz que todos necesitamos para convertirnos en la versión más importante de nosotros mismos. La Madre Divina te ha elegido para que te despiertes a Ella y a tu propia capacidad para abrir la puerta que se encuentra entre los mundos.

Si elijes el camino del arcoíris, podrás reencontrarte con el corazón de la Madre Divina. En ocasiones, este camino revela otro que lleva a una nueva vida, lo cual es en sí un regreso a la Madre también. Pero lo normal es que se trate de una vuelta a los recuerdos de otro tiempo, desde el cual la Madre Divina está enviando la luz de Su corazón a todos los que necesitan su apoyo y sus consejos como un arcoíris de sanación. Estás regresando a Ella y, aunque el Padre no deje de estar presente, en este momento es menos importante en tu vida. Ofrécete, pues, plenamente a la presencia de la Madre y ten por seguro que no le importa quién seas, cómo hayan podido juzgarte o la forma en la que nuestra cultura trate de etiquetarte y definirte. Para Ella, eres puro, perfecto y pleno tal y como eres, y te mereces la totalidad de Su amor. Eres hijo Suyo, puesto que existes. Siempre te va a guiar y a abrazar con Su energía de amor, abriéndote el corazón, que responderá a cambio. Así, cualquier juicio se desvanecerá y dejará sitio a la compasión, la comprensión y una verdadera confianza en tu propio valor.

Iluminación:

Te mereces este amor materno misericordioso.
Deja que cicatrice las heridas maternas y que te muestre lo valioso que eres.

4. LA ISLA DE LAS MARAVILLAS

Revelación, enseñanza, descubrimiento

Algunos lugares son tan valiosos que deben protegerse por completo. La Isla de las Maravillas es uno de ellos, sin duda alguna. Envuelta en la bruma de sus cascadas hechizantes, protegida por sus aguas turbulentas, solo es posible alcanzarla mediante la ligereza, volando hasta ella. ¿Qué implica esto para ti? Que para conocer eso que tu alma anhela saber, debes adquirir la ligereza que te permita viajar por encima de las aguas y acostar en la Isla de las Maravillas.

Si te ha salido esta carta es porque se te está guiando para que adquieras esa ligereza, para que tu alma sea capaz de llegar a ese lugar y explorar las maravillas que encierra. Es un remanso de paz, de grandes enseñanzas y descubrimientos y de inteligencia espiritual. En lo más profundo de tu interior existe un lugar similar y estás desde ahora invitado a descubrirlo, porque, mientras la Isla de las Maravillas exista, las maravillas que se esconden en ti también existirán.

Ha llegado el momento de elevarte y liberarte de lo que te haya estado reteniendo hasta ahora. Y esto puede hacerse de diferentes, sutiles y poderosas formas. No se trata de una evasión en el sentido literal, aunque salir de aventura siempre ayude. Se trata, más bien, de liberarte de todo aquello que, a tu alrededor, trata de convencerte de la imposibilidad de seguir aprendiendo, del peligro de descubrir cosas nuevas o de la puerilidad e inutilidad de creer en las maravillas. Porque esto no tiene nada de imaginario: este lugar existe, precisamente, para provocar que creamos en todo lo maravilloso, para despertar nuestro deseo de aprender y para ayudarnos a liberar nuestras almas encadenadas. Vamos, despega, amigo mío, ve a visitar este lugar maravilloso entre los maravillosos, y aprende de todo aquello que de nuevo es puro y verdadero.

Iluminación:

Soy libre de aprender y descubrir. Mi alma se nutre de aventura.

5. LAS RELIQUIAS DE LEMURIA

Fragmentos, memoria, recuperación

Escondidos en el seno de estos mundos escondidos se encuentran los valiosos vestigios del país de Lemuria, primera cuna de la humanidad, en la que en otro tiempo viviste en forma de metamorfo, de sirena, de criatura del aire o reptante. Estas reliquias de las tierras perdidas continúan enviando sus energías al mundo entero y nosotros las recibimos cuando soñamos con nuestras vidas anteriores, cuando recordamos, aunque sea brevemente, aquello que éramos entonces y la habilidad para sanar, comprender, experimentar y comunicar profundamente con el mundo natural que teníamos.

Cuando te salga esta carta, tómate un momento para dar las gracias a la tierra, para abrirte al mundo que te rodea, para fijarte en las plantas y en sus lenguajes, en los pájaros y su canto, en cómo todo está sutilmente conectado. Y ten por seguro que formas parte integrante de este orden y de esta belleza. Vuelve a conectarte y renueva tu compromiso con reencontrar tu propio poder: permite que los sentidos se extiendan y experimenten el mundo de una forma más intuitiva y profunda. Los libros perdidos de Lemuria están grabados en tu ADN, y cuando recuerdas, aunque solo sea un instante, todo lo que eres, su energía se reactiva aquí y ahora, no ya como memoria, sino como verdaderas y duraderas capacidades que, una vez recordadas, pueden recuperarse y reactivarse de diversas formas amables e inspiradoras.

Iluminación:

Cuando recuerdo, reactivo.

6. LA SACERDOTISA DE LA LUZ

Sabiduría galáctica, ritual cósmico

Ante tus ojos se levanta un templo, un portal hacia los reinos de la luz, pero está roto. Por fortuna, cada instante que concedes a cuidarte y a sanarte permite reconstruirlo. Cada vez que te cuides, la Sacerdotisa de la Luz, que teje los rayos y despierta en nosotros los códigos luminosos de nuestros orígenes, restaura el templo. Todo lo que tienes que hacer es concentrarte en la luz de tu interior y de tu alrededor. Ponte a la luz del sol y de la luna y déjalas introducirse por tus propios «poros» energéticos para que sanen, purifiquen y reúnan cada célula. La Sacerdotisa cuidará de que recibas toda la luz que necesitas para que vuelvan a prender los fuegos cósmicos de tu interior y se restaure todo lo que haya podido parecerte roto o deteriorado. Ella es quien construye el templo del espíritu y, mientras tú construyes el tuyo, el de la sacerdotisa también se levantará para volver a servir de portal por el que los pueblos de esta tierra obtengan la oportunidad de comprender su lugar en el cosmos.

Aprende a observar la luz a tu alrededor, hasta en sus matices más sutiles: el baile de la luz sobre el agua, sus reflejos centelleantes en las ventanas, los prismas, las linternas y los rayos que impregnan nuestro mundo de fascinación y de mensajes provenientes de las profundidades del Universo. Deja que las plantas se conecten contigo. Vuelve a conectarte con la parte de ti que viene de las estrellas, tu ser cósmico, tu esencia eterna, que brilla con el poder de mil estrellas. Tú mismo eres un templo y restauras el portal entre los mundos gracias a cada ofrenda que le haces a tu propio bienestar, a tu alma.

Iluminación:

Niño de las estrellas, tu templo no ha sido destruido.
En este momento lo están reconstruyendo las miles de luces
que emanan de aquellos mundos lejanos de los que una vez formaste parte.
Vive tu vida, pero, acuérdate ahora de tus orígenes
y del camino divino que te devolverá a su casa.

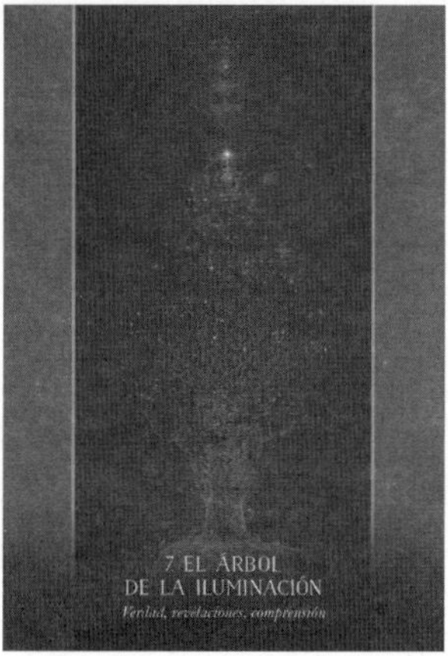

7. EL ÁRBOL DE LA ILUMINACIÓN

Verdad, revelaciones, comprensión

Hay árboles en este mundo que están dotados de cualidades únicas y mágicas. Todos encierran un poco de magia en su interior, pero, en el caso de algunos, es un poder que se va acumulando hasta que el árbol se vuelve parte integrante de un lugar sagrado donde ocurren sanaciones milagrosas, se dan grandes revelaciones, momentos de comprensión y de lucidez. Ha habido muchos casos: Odín e Yggdrasil, Buda y el árbol Bodhi... Y el de esta carta también es uno de ellos.

Se te está invitando a conectarte a su energía para que recibas de él la sabiduría que quiere ofrecerte. Procura conectarte a todos los árboles que te rodeen, pero, ahora que contemplas esta carta, sé consciente de que en este árbol vive un gran espíritu que anhela compartir contigo en este instante la poderosa magia de los reinos que algunos llaman «de las hadas». Este ser de luz te está invitando a entrar. Imagínate tumbado bajo sus ramas, con una dulce luz acariciándote el rostro y penetrando en tu interior hasta formar parte de ti. Esta luz te trae el conocimiento, ahora puedes conocer la verdad de todo aquello que haya podido desestabilizarte. Deposita todas tus preocupaciones junto al Árbol de la Iluminación. Cuando calmes la mente y escuches la sabiduría de los árboles, obtendrás la respuesta a todo lo que necesitas saber.

Iluminación:

En las ramas de los árboles encontrarás todo el conocimiento y la sabiduría. No lo pienses más, pregúntale a los árboles y obtendrás la respuesta.

8. EL BAILE LIMINAR

Delicadeza, fragilidad, brevedad

Entre los dólmenes centenarios, baila, saltarín, el pueblo minúsculo, dotando de energía y protección a estas piedras ancestrales, portadoras de los códigos de nuestros orígenes. Es cierto que son seres frágiles y delicados, ¡pero su fuerza y su poder son grandes! Invisibles, las gentes del pueblo minúsculo se desplazan por senderos olvidados, resucitando la tierra bajo sus pies, asegurándose de que no se apaguen los recuerdos que conservan las piedras y poniéndose a la disposición de los que saben abrir el corazón y recibir sus mensajes atemporales.

En tu caso, amigo mío, es hora de que recuerdes que en esos lugares olvidados es donde se encuentra tu sabiduría de antaño. Ahí es donde tus poderes tienen la oportunidad de resurgir, dispuestos a que los asumas de nuevo. Tú mismo eres tan delicado y misterioso como las hadas, tan eterno como las piedras. De ti depende recordarlo. El simple hecho de hacerlo, de mantenerte fuerte, de saber que en este mundo existe más de lo que se puede soñar te ayudará a recordar la danza eterna. Tú mismo portas dentro de ti unos poderes delicados y, en ocasiones, también eres frágil. Nuestro envoltorio corporal es efímero y no siempre será el abrigo de nuestra alma. Sin embargo, esta falta de permanencia también entraña una gran fuerza y una belleza infinita. Baila para celebrar cada etapa. Detente a recordar. Y deja que los lugares mágicos y los secretos que residen en lo más profundo de ti mismo vuelvan a la vida.

Iluminación:

Cada etapa de la vida es fuente de magia.
No te desesperes.
Camina y baila con intención y que tu voluntad sea quien esculpa tus días.

9. LA PUERTA DE LOS ÁNGELES

Purificación, protección, bendición

Esta carta quiere que sepas que no estás solo. Hay un ángel de la guarda que vela y se preocupa por ti enviándote la energía de estas aguas puras. La derrama sobre ti como una lluvia, envolviendo cada una de tus células con una carga de energía bendita que te purificará de los despojos de la vida que todos portamos, la mayoría de las veces de manera inconsciente. Ya estás purificado y bendecido. En esta agua tienes la ocasión de renacer.

El ángel que te cuida sabe lo que más necesitas. No tengas miedo, atrévete a preguntarle qué necesita tu alma. Has de saber que, más allá de este mundo, se te está respondiendo y disfrutas de una protección y un amor infinitos. Sentirás como si te quitaras un peso de encima, el del espíritu recién liberado, y la impresión de haber renovado y revitalizado tu energía. No pienses nunca que no te mereces el amor y el cuidado que se te brinda. Cuentas con un lugar al que dirigirte cada vez que te sientas sobrecargado por las secuelas de la vida. En sus aguas, también es posible refrescar las emociones. Ahora puedes expresar con toda tranquilidad esos sentimientos que deseas dejar de experimentar; estas aguas no le temen al miedo, ni a la cólera ni al resentimiento. Entrégaselos a ellas para que los escuchen, los comprendan y, finalmente, los liberen. Amigo, deja de castigarte por los defectos que percibes en ti mismo. Purifícalos, trata de comprenderlos y ten la tranquilidad de que, en el reino de la Puerta de los Ángeles, estás protegido, bendecido, purificado y aceptado tal y como eres.

Iluminación:

Bañada en las aguas sagradas de los ángeles,
mi alma está ahora perfectamente purificada.

10. EL JARDÍN DE LA AURORA

Comienzo, iniciación, origen

Bajo el juego de las fascinantes luces de la aurora yacen antiguos templos y seres divinos que solo aparecen cuando se reúnen las condiciones perfectas. De este modo, por un corto instante, vuelven a encontrar el camino hacia nuestro mundo para que perciban los que son capaces de darse cuenta de que se han descorrido los velos que separan a los mundos. Se te está invitando a quedarte en este espacio sagrado un instante, a confiarle tus sueños más profundos, a que escuches su música divina, que abrirá tu corazón, a permitir que la mente se te expanda hasta sentir que las ataduras de la personalidad ceden el paso a la llamada del alma. En este espacio, se te anima a que vuelvas a empezar, a reencontrar la inocencia y el entusiasmo que tenías cuando eras niño, a responder a la vida con la claridad, la apertura y la sabiduría espontáneas del corazón que los adultos solemos olvidar. Porque solo volviendo a la esencia misma de lo que somos podremos caminar por el mundo y decir nuestra verdad, percibir lo que reside más allá de las apariencias, comprender las intenciones a veces disimuladas de los demás y tomar decisiones que nos guíen hacia una vida en consonancia con nuestro objetivo divino.

Esta carta te ha salido para invitarte a formar parte de la iniciación a este lugar de luz y sonido, a este templo temporal, y así recordar quién eres de verdad. Eres mucho más que un simple cúmulo de condicionamientos, personalidades y experiencias. Esta es tu oportunidad para liberarte de los aspectos inútiles de tu antiguo yo, tu ocasión de volver a nacer en la siguiente etapa de tu vida. Esta próxima etapa te ofrecerá un espacio más allá del mundo físico y alianzas tanto dentro como más allá de la naturaleza. Presenciarás las maravillas del espíritu. Crece en este espacio como lo hacen las flores. Porque eres parte esencial de la Creación, tan gloriosa como el cielo y tan eterna como la luz misma.

Iluminación:

Estás a punto de asistir a un acontecimiento increíble que te ayudará a recordar que eres la encarnación viviente de la palabra «milagro».

11. RESPLANDOR CELESTIAL

Mensajes, canales, información

Con esta carta llega un nuevo guía. Podría tratarse, literalmente, de un guía espiritual, que llegaría hasta ti de entre los antiguos para compartir las cosas sagradas y los pequeños momentos dulces y serios de la vida diaria contigo. Entrará en contacto contigo por medio de señales y del lenguaje del espíritu, de símbolos que aprenderás a reconocer, comprender e interpretar con el tiempo, y te recordará que no estás solo: los antiguos te acompañan y velan por ti. La tierra y la naturaleza todavía portan en su seno la sabiduría de aquellos que caminaron por nuestro planeta cuando este aún estaba en su gloriosa juventud. Hoy se dirigen a los nuevos humanos a través de ti para indicarnos la mejor forma de caminar por estos tiempos inciertos de cambio. Puedes confiar en ellos. La información que van a compartir es de fiar, y no es ni fantasiosa ni estúpida ni fomentará deseos de ser especial o distinto. Sus consejos son estimulantes y honestos, sencillos y claros, profundos y nada pomposos.

Pronto se presentarán: los mensajes comenzarán a llegarte a través del mundo natural, a través de tus interacciones con los elementos. Y seguirán dirigiéndose a ti hasta que los recibas. Quieren que sepas que ya ha llegado la próxima generación de guardianes de la tierra y que tienes tu función en este mundo. Descubrirás una belleza y unas capacidades nuevas, y podrás ponerlas al servicio del Gran Espíritu, que siempre ha estado aquí, y siempre lo estará. Escucha. Observa. Maravíllate. Porque ahora eres capaz de recibir los mensajes que el Gran Espíritu escribe en el cielo y susurra en tu mente.

Iluminación:

Acabas de abrirte a la guía del Gran Espíritu.
Recibe los mensajes y actúa en consecuencia
mientras caminas por la nueva tierra.

12. EL SECRETO DE CAMELOT

La autoridad del espíritu

El reino de Ávalon tiene numerosas entradas y pórticos, y este es el que franquea la Dama del Lago cuando tiene que hablar con los poderosos del reino de Camelot. La carta te está indicando que tú también estás a punto de tener una conversación importante con la autoridad. Tu papel es el del místico, el portador de una perspectiva espiritual, y tu misión es compartir los misterios con el mundo de los hombres. Tendrás como interlocutores a administradores y burócratas, detentores del poder reconocido por nuestro mundo. Pero tú estás conectado con el poder divino y podrás llevarlo donde más se necesita.

De modo que, si trabajas en un lugar en el que la gente está desconectada de su intuición y de su alma, o si tu familia no siente ninguna espiritualidad, serás como el agente infiltrado que entra en este mundo para esgrimir el regalo de la verdad, la espada mágica de la autenticidad, la integridad que combate las bajezas políticas; aquel que comparte el regalo del espíritu, incluso en circunstancias en las que no parece que importe la forma de actuar del trabajador de la luz. La Dama del Lago puede caminar junto a ti mientras avanzas por estos reinos. Verás que tú trabajo tiene un sentido y tus dones un propósito, por el efecto dominó de tus acciones, que hará que tus palabras y tu presencia se sigan notando durante muchos años.

Iluminación:

Entro en el mundo de las personas para mostrar la verdad del espíritu.

13. EL VIGILANTE DEL ALBA

Cuidador, guardián, apoyo

Esta es tu oportunidad de fijarte de verdad en la belleza y el potencial de cada nuevo día. No siempre nos damos cuenta de que se nos apoya. No siempre somos capaces de encontrar en nuestro interior la convicción de que somos importantes y de que el Universo se ocupa de nosotros. Si pudiéramos ver con los ojos del espíritu, nos daríamos cuenta de que, en todas las épocas, hay unos seres maravillosos a nuestro alrededor que velan por nosotros cada día. No pueden intervenir, pero si les pedimos ayuda tal vez percibamos de nuevo sus rostros, atentos y bondadosos, en las nubes del alba. Aunque nos sintamos solos y pequeños, están ahí para asegurarnos que siempre nos apoyan, que nuestra vida tiene un objetivo más profundo del que no somos conscientes y que tenemos algo único e inestimable que ofrecerle al mundo.

Tu alma pertenece al magnífico Universo del que formas parte y, por tanto, el Universo te observa de cerca para asegurarse de que recibes el apoyo que necesitas. En este mismo momento, unos vigilantes celestiales se aseguran del correcto discurrir de tu viaje. Páralo todo un instante, todo lo que requiere tu atención constantemente, haciéndote correr en todas direcciones, e imagínate un alba, un renacimiento, la oportunidad de volver a empezar rodeado de amor, sabiendo que el Vigilante está ahí, cuidándote con una compasión y un amor infinitos. No te preocupes, el alma tiene un plan, el Universo tiene una misión y tú formas parte de esta gloriosa aventura.

Iluminación:

Me vigilan unos seres de amor y de apoyo.

14. EL CAMINO DE CRISTAL

Espíritus minerales, seres de cristal

¿Sabías que los cristales se conectan y comunican entre ellos? Tanto los que aún permanecen enterrados en el suelo como los de las tiendas y los hogares, todos forman parte de una inmensa comunidad de cristales. Aunque estos últimos se encuentren lejos de su lugar de origen, a menudo conectan con aquellos enterrados en la tierra y estos les transfieren sus dones. De la misma manera, cada uno de nosotros formamos parte de un grupo y una familia de almas, y esta carta te anima a que te comuniques con ellas, aunque no estén físicamente presentes, y a que absorbas las energías que tu alma necesita para su viaje. Cuando nos conectamos a los cristales, nos convertimos en parte de su familia de almas también, y ellos en parte de la nuestra, y nuestros caminos se entrelazan y entretejen por un tiempo.

Tu alma está siendo llamada a realizar cosas importantes. Los cristales te ayudan, te recargan con su energía cristalina, a la vez terrestre, galáctica y universal. Aquellos que comprenden la magia mineral de la tierra y saben que nos conecta a otros mundos, planetas, tiempos, lugares y seres cuidan para nosotros este camino de cristal, que acaba de abrirse ante ti para que explores las profundas lecciones de esos seres minerales sensibles.

Iluminación:

Formo parte de una familia de cristal
y se me pide que regrese a casa para trabajar con ella.
Hay un camino esperándome para que los encuentre.

15. EL QUE LLAMA A LOS DELFINES

Amistades puras y felices, ayuda afectuosa

Hay personas que tienen la capacidad de invocar los poderes de la naturaleza. Son los mensajeros de la Tierra Madre y el Gran Espíritu. Pero cuando nosotros contemplamos las maravillas de la naturaleza, es raro que percibamos a los antiguos, de pie en el medio, removiendo el caldero planetario para que seamos capaces de ver toda la belleza y las preciosidades del mundo que nos rodea. El que llama a los Delfines emerge con el alba, y hacia él se dirigen los ancestros de los hombres, los pueblos del mar, que recorren las aguas eternamente limpiando los océanos sagrados. Avivan en el agua su pureza y su canto, y El que llama a los Delfines transfiere el regalo de esta canción y su energía clarificadora a la tierra, al pueblo, mientras este atiende a sus ocupaciones. Justo ahora, muchos de ellos empiezan a emerger de su adormecimiento. No solo del adormecimiento del sueño, sino del alma. A ti también te está invocando el canto de El que llama a los Delfines y de los seres mágicos de los océanos para que despiertes a tus propias posibilidades, para que vivas un nuevo comienzo cada día y, no solo eso, sino también un nuevo comienzo en tu alma. Puedes disfrutar de un tiempo de juego, de liberación, de purificación y de alegre amistad.

Solemos parecernos a los que nos rodean, y estos seres alzarán los espíritus y te recordarán los verdaderos valores de la amistad. No importa lo que esté ocurriendo en tu vida, los delfines comparten su energía contigo y puedes experimentar la libertad, la fluidez, la gracia y el poder de estas maravillosas criaturas oceánicas. Eres su amigo, y El que llama a los Delfines te enviará su energía hasta que sientas por ti mismo cómo emerge tu propia felicidad y te rías de nuevo de la pura alegría de estar vivo. Tu alma ya se regocija. Invoca, pues, desde ahora a los delfines y al que los llama porque él conoce tus necesidades y te enviará la ayuda que llevas tanto tiempo pidiendo. Las amistades también forman parte de la energía de esta carta: dedica tiempo a compartir tu alegría y saborea la exquisita sensación de ser amado y aceptado tal y como eres.

Iluminación:

La ayuda pedida está de camino.
Pronto vas a experimentar una alegre compañía.

16. EL SALTO DE LA FE

Éxtasis, dicha, creencia

Llegará un día en el que te sentirás sublime y perfectamente conectado, en el que la fuerza de vida del Universo se vinculará directamente a tu propio poder. Cuando llegue ese instante de perfecto alineamiento, todo lo que siempre has deseado equivaldrá a todo lo que eres. Eres suficiente así, y lo sabes, de modo que seguirás avanzando hasta cumplir con el deseo más grande de tu alma. Ese momento está a punto de llegar. Solo necesitas recordar que eres suficiente y abrirte al poder de la energía que desde hace tanto tiempo te está buscando. ¡No temas! ¡No lo dudes! Silencia el inútil parloteo mental de tu interior. En este momento, las voces interiores de la familia y de la sociedad, incluso los aspectos fragmentados de nosotros mismos, se están calmando y apartando para dejar que la conexión pura entre el Universo y el fragmento del Universo que es tu alma se reanude y te devuelva la fe en que estás bendecido y te mereces este milagro.

Si te ha salido esta carta, amigo mío, autorízate a abrirte e impregnarte del poder que te pertenece en este momento. Es hora de que vuelvas a conectarte y des el salto de la fe; manteniendo esta conexión y teniendo fe, ¡todo es posible! No se trata de alcanzar un objetivo ni de conseguir más poder en el mundo. Se trata de reconocer, una vez más, que somos hijos del Universo y que se nos ama de forma incondicional. Prepárate para volver a encontrar la fe y dejarte invadir por el éxtasis del espíritu.

Iluminación:

Soy suficiente así.
Formo parte del milagro del Universo y soy amado.
¡No esperaré más!
Salto al abrazo del Universo.

17. LA ENERGÍA DE LAS HADAS

Crecimiento, expansión, floración

Ha llegado el momento de expandirte y de convertirte todavía más en el ser que puedes ser. Las hadas y la naturaleza te ofrecen toda la energía que necesitas para abrirte, expandirte y florecer. Esto debería procurarte una sensación de confianza y de calurosa intimidad. Deja que el dulce néctar mágico se derrame sobre ti. Te sentirás seguro y más abierto para expresar tu verdadero yo. Tal vez tengas la impresión de hablar y compartir más, de estar abriéndote, de haber dejado de depender tanto del apoyo del mundo de los hombres y de necesitar el apoyo del mundo de los seres invisibles. Estos seres mágicos cargaron con la fuerza de la vida cuando tu mundo aún estaba apneas floreciendo y pueden transmitir esta energía a los humanos a los que aman, como tú.

De la misma manera, la belleza que compartas con el mundo, lo transformará para siempre. Tu ofrenda es una ofrenda de bondad, amor y autenticidad. El mundo que te rodea florecerá a cambio, y estos sentimientos se extenderán a todos los que te rodean. Vendrá un tiempo de amor y de cariño, un tiempo en el que las personas van a sentirse atraídas por el brillo y la belleza de tu alma, que brilla a través del mundo. Tal vez sea un regalo de las hadas, pero el amor y el florecimiento que experimentas no es otra cosa que tu verdadera naturaleza en plena eclosión. Las hadas no esperan nada por su regalo; para ellas, eres como una flor. Dales las gracias y cuida de la naturaleza a cambio, así este intercambio de energía seguirá manteniéndose, porque provendrá de una fuente de amor infinita.

Iluminación:

Ábrete como una flor, ¡tienes tanta belleza que ofrecerle a este mundo!

18. EL HOMBRE VERDE

Elevación, pico de energía, fertilidad

No importa lo jóvenes o viejos que seamos, lo estables o inestables que parezcamos, la vibración de los ciclos del planeta repercute en nosotros y no podemos escapar a su magia. Ha llegado la hora del Hombre Verde, y de nuevo se nos anima a estirarnos para alcanzar la luz. La naturaleza de tu interior se está rebelando. Al igual que el Hombre Verde de la primavera despierta a las semillas e incita al despertar de la savia en el mundo que te rodea, dentro de ti hay un mundo —todo un sistema de ramas, hojas y luz centelleante— que anhela que lo descubras y expreses de nuevo. Después de la calma y la contemplación del invierno vienen el crecimiento y la acción, la sabiduría de nuestros árboles internos.

Las llaves para hablar con los árboles y las flores, para levantarte temprano, descansar mejor, oír el canto del alma, oír el canto de tu interior y sentir el del mundo que llevas dentro, el del mundo que te rodea y el de aquel que está debajo de tus pies, están en tu interior. Es hora de quitarte los zapatos y tocar la tierra con los pies, de dejar que los consejos del Hombre Verde te ayuden a elegir lo que comes y lo que bebes para crecer y evolucionar mejor, querido hijo de la tierra. No olvides nunca que, aunque estés hecho de estrellas, naciste en la tierra, y la tierra está llena de alegrías y bendiciones. Túmbate al sol. Cuida de tu jardín interior y de aquel que te rodea. Cultiva. Empieza algo por ti mismo. Estírate, como las plantas que se levantan hacia el sol. Deja que la luz de tu interior brille con más fuerza y te haga sentir seguro. Ha llegado el momento de expandirte hacia el mundo y permitir que la naturaleza te guíe y que la llama de vida que llevas dentro caliente todo lo que te rodea.

Iluminación:

Doy la bienvenida a este tiempo de crecimiento y expansión.
¡Me estiro hacia la luz!

19. EL TEMPLO SANADOR DE LA LUZ DE LA LUNA

Ciclos de vida, sanación energética, comunicación

Los ciclos del ser lunar que habita los cielos de nuestro planeta contienen inmensos poderes que nos ayudan a dejar de aferrarnos, a revivir, a crecer, a celebrar y a sanar en todos estos aspectos. Del mismo modo, la luz de la luna nos sana durante toda la vida, desde que nacemos hasta nuestro último aliento. Todas las etapas de nuestra vida —nacimiento, infancia, edad adulta, vejez— están reflejadas en sus ciclos. Independientemente de en qué punto de la rueda de nuestra existencia nos hallemos, siempre encontraremos un sentido a nuestro verdadero yo en su luz sanadora y en las aguas bendecidas por cada etapa de su ciclo y nos transportaremos a un remanso de paz y de fascinación.

La Doncella, la Madre, la Vieja, el Cazador, el Padre y el Sabio, todos por igual, deben penetrar en el templo de sabiduría de nuestros ciclos. Ahora, este templo te está llamando a ti para que honres la etapa de la vida en la que te encuentras. Cada etapa posee sus desafíos, pero al honrarlas sanarás la energía que hay en ellas. Las células de tu interior, el ADN de esas células, responderán a la luz sanadora de la luna. Y, si te dejas bañar por la luz de la luna, alcanzarás una serenidad y un bienestar que la luz del día nunca te dará. Cuando eso ocurra, si relajas la mirada, verás revelarse ante ti el Templo Sanador de la Luz de la Luna de entre los mundos, dispuesto a enviarte sus bendiciones si te abres y se lo permites. Cuantas más bendiciones recibas, más aprenderás, y tú mismo te convertirás en un sanador para este mundo, capaz de transformar con tu energía a aquellos que te rodean.

Iluminación:

Entraré encantado en el Templo Sanador de la Luz de la Luna, porque en él voy a encontrar lo que llevo buscando tanto tiempo.

20. SANAR LA TIERRA

Amor, humildad, respeto

El ser humano ha dejado que los grandes e invisibles espíritus que le rodean se ocupen solos del planeta. Aunque algunas personas sí que han intentado asumir el lastre originado por el resto de la humanidad, hoy todavía corremos desenfrenados hacia el abismo cuando intentamos convencernos de que solo importa el presente. Sin embargo, ¡el mañana cuenta para todos los que están por nacer! ¿Qué sabiduría transmitiremos a nuestros hijos del futuro? Hemos diezmado los bosques, contaminado las aguas, saqueado la tierra y utilizado todos sus tesoros como si fueran juguetes sin importancia. Es hora de sanarla y recordar que la única y verdadera curación posible debe operarse en nuestros corazones si queremos que se refleje en nuestras acciones. La sanación de la tierra es más poderosa en esas ocasiones especiales en que las puertas de los mundos se abren.

Entonces es posible experimentar el flujo de las energías. Podemos ayudar a los demás a conectarse con estas energías mostrándoles lo más importante.

De nosotros depende elegir ayudar a nuestra Madre Tierra, ponernos a su servicio y mostrar una actitud humilde y una energía bondadosa con ella. Podemos conducirnos con dulzura y apertura, sabiendo que debemos ayudarla. Podemos recoger al pájaro que se cayó del nido, plantar un árbol, difundir nuestra verdad y vivir cuidando de la vida y del planeta. Es cierto que esta vida es efímera. Pero todo lo que hacemos —o no hacemos— cuenta. Y esta carta te está pidiendo que rindas servicio al planeta transmitiendo amor, humildad y respeto por él en todas tus acciones. Deja que esta gran diosa que alimenta a la tierra te alimente a ti también. Siguiendo esta vía te alejarás de lo desechable, lo ingrato y lo negligente para acercarte a una expresión más auténtica y profunda de tu alma.

Iluminación:

Acepto la responsabilidad que me corresponde en el cuidado de la tierra.
Apoyo a los sabios en su trabajo de sanación y abrazo
plenamente mi condición de hijo de esta tierra.

21. EL VIAJE DE VUELTA A CASA

Culminación, reencuentro, regreso

Has alcanzado una etapa de tu viaje que deja por fin atrás la parte más difícil de atravesar. Has viajado mucho y afrontado numerosas pruebas y peligros. Tal vez tuvieras miedo de no lograrlo y tal vez te preguntaras, ante todos esos obstáculos, si de verdad merecía la pena. Hubieras podido detenerte tantas veces a lo largo del camino... Sin embargo, en lo más profundo de ser, tu alma te llamaba. De modo que seguiste avanzando en la dirección de tus objetivos, enfrentándote a los desafíos y las dificultades, y ahora ha llegado el momento de las recompensas. Estás siendo guiado por las últimas etapas de tu viaje y ya no hay duda de que estás regresando a tu verdadero hogar.

Este «hogar» puede ser —aunque no necesariamente— un lugar o una persona. Puede tratarse de una manera de ser, de un estado interior de equilibrio y de amor. Podría igualmente tratarse de un lugar en el mundo exterior, de la casa con la que siempre has soñado y estás a punto de crear. O podría ser que, después de numerosos combates y sufrimientos, llegue ahora un tiempo de paz y harmonía internas. Regresas al amor, a un lugar en el que puedes ser tú mismo de verdad, y esto traerá consigo un rencuentro, una culminación y la sensación de haber encontrado el lugar al que perteneces.

Iluminación:

Encuentro el camino hacia el lugar al que pertenezco. Mi hogar está dentro de mí.

22. PERCEPCIÓN

Herramientas mágicas, escritura, astrología

¿De qué misterios nace nuestra percepción? ¿De dónde manan las palabras y cómo podemos conectarnos tan profundamente que seamos capaces de escribir sobre las estrellas y sus secretos? ¿Será que no estamos tan lejos del Mago de entre los mundos, que absorbe las energías de lo que está en el cielo y lo integra en este mundo, combinando lo celestial y lo terrenal? Cuando nos conectamos de verdad, podemos transformarnos, literalmente, en un vínculo entre los mundos. A través de nosotros, mana una energía pura y clara, una energía sabia capaz de guiar, reconfortar, iluminar; una energía compasiva que ve más allá de las apariencias, que trasciende las diferencias y nos une en perfecta comunión a todos los que comparten este maravilloso mundo con nosotros.

Es hora de conectarse profundamente, de sumergirse en la calma que entrelaza los mundos. Hazte de un bolígrafo, siéntate en un lugar tranquilo, conéctate y siente ese flujo de energía, prueba de tu pertenencia a este mundo, así como a todos los mundos escondidos. Escribe. Puedes compartir estas enseñanzas. Puedes recibir un dictado de las estrellas. Comprende el poder que anima tu bolígrafo, que mana de las palabras y herramientas mágicas que se te ofrecen. Es el momento ideal para iniciarte en el aprendizaje de la magia, para aprender a utilizar una bola de cristal, a trabajar a la luz de las velas y a contemplar las estrellas con la intención de encontrar en ellas la sabiduría y revelársela a los que no son capaces de verla ni oírla. Conviértete en el mago, el traductor, el vínculo entre los mundos. Sé el alquimista de lo visible y lo invisible. Deja que esta sabiduría eterna e infinita corra por tu pluma hasta escribir las palabras que manen de tu interior.

Iluminación:

Soy un instrumento del Divino,
que fluye a través de mí para llegar al mundo.

23. ALMAS GEMELAS

Compañeros espirituales, guías, consuelo

A veces, los seres humanos somos muy conscientes de lo que parece ser nuestra soledad. Aunque normalmente nos rodee una multitud de personas, anhelamos de manera profunda y casi abrumadora una verdadera complicidad, una amistad real, más difícil de encontrar. No solo queremos estar cerca de los demás; deseamos que nos vean y nos comprendan, recibir tanto como damos y estar en comunión con ellos. La mayoría de nuestras interacciones diarias carece de sentido y de una afección real, así que ¿cómo no anhelar con ardor la verdadera amistad que sabemos que nos espera en alguna parte? La mujer de esta carta ha experimentado el mismo vacío y ha elegido alejarse de la actividad desenfrenada del mundo para recargar energías en la naturaleza. Ahí es donde, en un espacio liminar, sentada sobre el tronco de un árbol que atraviesa un arroyo mágico, encuentra de nuevo el sosiego y la paz a los que tanto aspiraba. En este mundo intermedio, en la calma y en la consciencia que allí se crea, los seres de los mundos paralelos han llegado hasta ella. La mujer está hablando con un ser fruto de la energía que los rodea —los riachuelos, el aire y los árboles—. Viene a aportarle el dulce consuelo del espíritu.

Tú también puedes encontrar consuelo en este tipo de lugares. De ti depende salir en busca de la protección del sauce, sentarte bajo la pérgola florida del jardín, hundir los pies en la tierra entre las raíces de un viejo árbol y, desde ese lugar de calma y conexión, dirigirte a las entidades que habitan el mundo intermedio. Confíales todo lo que te preocupa y, luego, en silencio, escucha el susurro de sus palabras de consuelo. Porque te aman, hijo de la tierra, y, en la tranquilidad y el silencio de lo salvaje, podrás oír sus voces.

Iluminación:

Mis almas gemelas y amistades se extienden más allá del mundo de los hombres. El espíritu me ama.

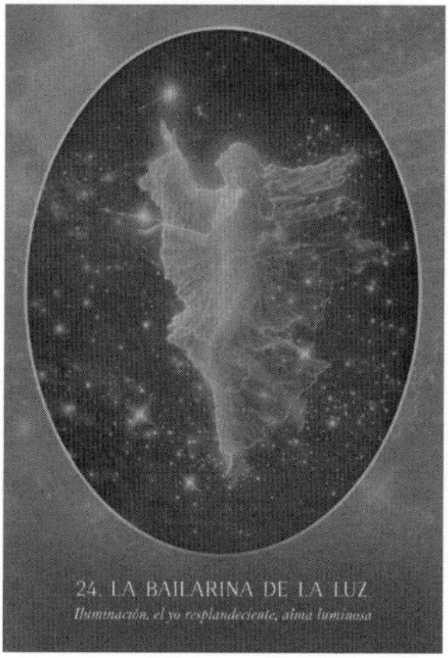

24. LA BAILARINA DE LA LUZ

Iluminación, el yo resplandeciente, alma luminosa

Hemos sido concebidos para encontrar en nuestro interior la luz que vemos fuera de nosotros, y con nuestros cinco sentidos no somos capaces. Nos es imposible percibir todo lo que de verdad hay en este mundo, en el Universo. Tratando de alcanzar la luz que reside en tu interior, te has convertido en una persona más bondadosa. Has buscado la unidad y perdido la sensación de división. Y has vivido unos instantes de verdadera y pura felicidad. Sin embargo, al extinguirse esta sensación, te has visto inundado por una gran tristeza, como si hubieras fracasado. Como ser humano, no puedes percibir constantemente todo lo que es. Te haría la vida imposible. Pero en los breves momentos en los que sientes la alegría pura y la paz de tu conexión con todas estas cosas, la aceptación completa de tu viaje transitorio por esta existencia gracias a tu cuerpo físico, la conjunción de los valores del amor y del respeto por la tierra y por todos los seres que te hace recobrar la sensación de una perfecta unión contigo mismo y con la vida, entonces, es como si bailaras con la luz.

Cuando la vida es fácil y fluida, parece que solo tenemos que extender la mano para tocar las estrellas. Esta carta te ha salido para anunciarte que de nuevo se te ofrece ese momento de unión y de plena consciencia, aunque ya no recuerdes todo su poder. Es la oportunidad de hacerlo, de recordar la belleza del corazón y del alma, de la relación que tienes con el infinito que reside en tu interior y fuera de ti. La Bailarina de la Luz acaricia con ternura todo aquello que observa en los espacios escondidos del Universo y en tu corazón. Si ha venido hasta ti es para recordarte que tú también eres un bailarín de la luz, un hijo del Universo infinito. Y estás tan lleno de gracia y eres tan consciente y tierno como ella.

Iluminación:

Bailando con la luz que reside en mi interior,
me estoy convirtiendo en un ser iluminado.

25. ABIERTO COMO LA FLOR DE LOTO

Espíritu florecido, revelación, madurez

¿Sabes que te has abierto completamente y has florecido? Si no tiene consciencia de ello es hora de contemplar la flor de loto de esta carta y sentir lo que ocurre en tu interior cuando floreces como ella. En la naturaleza, al igual que en la vida, se necesita tiempo para abrirse. Nos abrimos porque, al igual que las flores, está en nuestra naturaleza misma crecer, expandirnos, hacer que nuestro pleno potencial florezca y acoger aquello que somos de verdad. Esta flor de loto encarna a la perfección su mayor potencial, mientras que nosotros, los humanos, solemos interrumpir el proceso de apertura y detenernos en cuanto recibimos la aprobación de nuestra cultura y de nuestra sociedad, satisfechos de nosotros mismos, cuando tendríamos potencial para mucho más. Nuestro potencial reside en una expansión continua. No nos referimos a la expansión continua del yo físico, porque todos envejecemos —es la naturaleza transitoria de la existencia física—, sino a la evolución del alma. Seguimos abriendo la mente, ensanchando el corazón, ampliando el espíritu y desplegando los pétalos de la consciencia hasta eclosionar por completo y florecer. Estamos rodeados por los destellos luminosos del Divino, como las hadas que vemos en la imagen, cuidando la flor de loto. Representan el destello de nuestros momentos de conexión divina, que siempre nos llegan por sorpresa para recordarnos nuestra naturaleza sagrada y alentarnos a abrirnos más allá de lo que nuestro mundo quiere que vayamos —no el mundo natural, sino el mundo construido por los hombres—. Y cuando llegan estos momentos, estos breves y gloriosos instantes de felicidad nos ayudan a avanzar por el camino de nuestra alma hacia su primera floración y a seguir evolucionando.

La carta te está invitando a vivir como este loto. A abrirte, a expandirte, a explorar todo tu potencial y recordar que, tal vez, el lugar donde hoy te encuentras no sea el destino final de tu alma. Vuelve a tus valores más profundos. Mide la calidad de tu existencia según la adecuación de tu vida actual a esos valores, y efectúa todos los cambios necesarios para poder florecer desde hoy mismo.

Iluminación:

Me estoy abriendo como la flor de loto y,
cuando haya florecido, el Divino podrá alcanzarme.

26. LA MEDITACIÓN

Paz, alivio, santuario

Esta mujer está meditando en la naturaleza, sumida a su vez en lo más profundo de su ser. Sujeta un pequeño haz de hierbas ardiendo, cuyo humo limpia y purifica los mundos humanos desde su morada interdimensional. La mujer representa los regalos del mundo natural, de las flores y de las hierbas, y te está ofreciendo sus secretos. Ha creado un espacio para ti en medio de esta serenidad, de esta belleza, para cuando te sientas preparado para alejarte de la mentira de la realidad dominante y regresar al auténtico canto del espíritu. Tómate ahora un momento para retirarte a tu interior, lejos del ruido del ego y de los clamores de un mundo lleno de competitividad y precipitación, y sumérgete de nuevo en la realidad, la seguridad y lo concreto de la tierra bajo tus pies. Al igual que la mujer de esta carta, cierra los ojos físicos para abrir la mirada interior y vuelve a encontrar el camino en los senderos del espíritu. Envuelto en la pantalla de humo purificador de las hierbas mágicas estarás completamente seguro. Continúa hasta experimentar la naturaleza misma de tu alma en plena expansión, su luz eterna y sus posibilidades infinitas. Y quédate tanto como te sea posible, bañado en el vibrante recuerdo de la verdadera esencia de tu ser.

Así es como vas a reconstruirte: los dolores causados por las esperanzas, las expectativas, el estrés y los problemas físicos se atenuarán y volverás a reencontrarte, nuevo y en plenitud, con el amor como guía. Cuantos más momentos de meditación te ofrezcas, más conectado estarás a tu propia verdad interior y más disminuirá el dolor de las disonancias, hasta desaparecer por completo.

Iluminación:

La meditación no es un lujo,
es la fuente de alimentación de mi alma.
No permitiré que esta vuelva a pasar hambre o sed,
y me conectaré cada día a la verdadera fuente que nos alimenta a todos.

27. EL TEMPLO DE LA LUNA LLENA

Celebración, apogeo, momento trascendente

Ha llegado la hora de celebrar un logro, un momento de gloria y de belleza, de reconocer la bendición sublime que te envuelve. Es hora de instalar un altar en casa, de alabar al espíritu y de dar gracias por todo lo que tienes. Mira a tu alrededor. Has de saber que, cada vez que te sientes agradecido, atraes los tesoros maravillosos que la vida te reserva. Es hora de construir un templo a la plenitud de tu espíritu, tan completo como la luna llena de esta carta, a la que se le ha levantado un templo para que su energía aumente y evolucione. Del mismo modo, cuando construimos un altar o dedicamos más espacio al agradecimiento, la celebración, la alegría y el intercambio con los demás en nuestra vida, la belleza se hace más evidente, parece más presente y se experimenta cada vez que damos un paso por esta tierra bendita.

Detén por un instante cualquier actividad y comprométete a celebrar la vida, a reconocer los jalones de la búsqueda personal de tu alma mientras caminas. Tómate el tiempo de crear un espacio sagrado, ya sea un altar, una habitación o tu casa, en el que te sientas seguro y puedas recargar tu energía. La vida también está hecha de momentos de felicidad, de éxitos y logros, y esta carta te invita a celebrarlos, querido. ¡Celebra tu vida! Los seres de los mundos escondidos celebran cada una de nuestras felicidades y victorias. Eres una criatura única y fuente de esperanza. Cuando recuerdes esto, verás cómo vuelves a sentir el flujo del placer invadirte de nuevo, despertarte a la alegría de tu propia existencia.

Iluminación:

Dedico tiempo a celebrar quién soy
y aquello en lo que me estoy convirtiendo.
Cada logro merece ser reconocido.
Cada vez que lo hago,
la vida me ofrece nuevas oportunidades.

28. LA DIOSA DE LA MONTAÑA

Vibración elevada, plena consciencia, poder de la mente

En tu interior posees muchos poderes, variadas y ricas sensaciones: todo aquello que necesitas para vivir una vida física en este mundo. Pero, también, en tu interior, residen energías más sutiles, como el inmenso poder de la mente. La Diosa de la Montaña te está invitando a que eleves tu vibración dirigiendo tus pensamientos hacia dentro, hacia lo más profundo de tu ser. No para censurarte ni condenarte, sino para elevarte y poder acercarte a la experiencia celestial que se te brinda, aunque vivas en esta tierra. Puedes ocuparte de tus pensamientos internos, así como la diosa se ocupa de la montaña, y puedes llegar a alcanzar la divinidad teniendo cuidado con las compañías que frecuentas dentro de tu propia mente. Las montañas nos elevan: podemos escalarlas, nos sujetan, nos protegen y nos ofrecen la posibilidad de ver con mayor claridad y ganar una perspectiva y sabiduría fantásticas, al sacarnos de las minucias de la vida cotidiana.

Ha llegado el momento de que eleves tu pensamiento hacia las cimas, de volar libre, de concederte la distancia y el alivio que tu mente necesita para convertirse en tu mejor aliada. Las mentes elevadas son capaces de grandes cosas. Si se lo pides, la Diosa de la Montaña puede interceder por ti y traerte la claridad, la perspectiva, la libertad y la poderosa sanación de esta montaña. Conéctate a ella. Imagínate en sus brazos. Deja atrás, por un momento, las cosas del mundo, por muy hermosas y sagradas que sean, a su manera. Dirígete a esta montaña y siente su protección, su energía estabilizadora. Siente el descanso que ofrece a tu mente, siempre preocupada y privada de su verdadero poder. Déjala que te cuide por un momento. Cuando regreses, verás que ahora hay respuestas ahí donde antes solo había preguntas; soluciones donde solo había problemas, y compasión donde todo era hostilidad.

Iluminación:

Una perspectiva más elevada nos sana.
Mi mente puede volverse tan fuerte como una montaña.

29. LAS LUCES DE LA MONTAÑA

Seres de luz, portales, energías sutiles

En los lugares intermedios, los seres de los mundos escondidos acceden al mundo de este planeta a través de portales. Suelen tomar la forma de luces y ofrecen energía al mundo natural en estos tiempos de cambio para nuestro planeta. Ayudan a todos los que se preocupan por el planeta y desean formar parte de su evolución. Tú, que acabas de sacar esta carta, formas parte del colectivo elegido para cuidar del planeta y ayudarlo a sobrevivir, una vez más, a un gran peligro. Solo tienes que mantener el corazón abierto al amor, a una energía vibratoria pura y elevada, y conservar así la paz y el sosiego en tu interior, porque eso será lo que más influya en todo lo que te rodea. No se trata de mantener la paz por medio de una complacencia laxista ni de ignorar la crisis actual a la que la Madre Tierra se enfrenta, sino de crear un espacio en el que la esperanza pueda mantenerse en vida, para que lo seres de luz sigan cruzando los portales de los lugares sagrados, los portales de los mundos escondidos, abriéndose camino hasta los árboles y los animales, hasta las plantas y los seres vivos, hasta el aire y los cauces de agua, hasta la arcilla misma de la tierra, y ayuden a purificarla, sanarla y apoyarla.

Conserva esta energía bondadosa en tu interior. Habla siempre con el corazón. Actúa siempre con amabilidad y compasión. Enseña el camino con el ejemplo, conviértete en la alternativa. Rompe las cadenas de la ira y la tristeza que tratan de esclavizar a tu alma y someterla. Que la benevolencia sea tu camino. Ten un trato dulce, una mirada amable y un corazón abierto, y mantén vivos los portales escondidos que la luz utiliza para efectuar su trabajo sagrado.

Iluminación:

Los trabajadores de la luz permiten mantener abiertos los portales de acceso entre los mundos para que los seres de luz acudan en ayuda del planeta y lo sanen. Mantén viva la luz viviente de tu interior.

30. EL VIAJE SAGRADO

Introversión, buscador, autoconocimiento

Llevas ya un tiempo caminando en solitario. Te volviste introspectivo, centrado en el gran camino que se esconde dentro cada uno, y emprendiste sus numerosos afluentes hasta llegar al alma de tu propio yo. Has descubierto la mayoría de las cosas que tantos otros se esconden a sí mismos y las has exhumado, las has examinado, percibiendo su belleza y su tristeza y, después de reconocerlas e integrarlas, has profundizado más aún. En este lugar de silencio en lo más profundo de ti mismo se encontraba otro templo: el templo de tu alma, donde tu valioso y más secreto corazón te aguardaba, como una bella durmiente o un mago sabio, en el portal de tu verdad. Y has besado tu alma y aceptaste tu propia verdad. Ahora toca despertarse de nuevo y regresar al mundo.

Ahora, la tranquilidad y el sosiego que has demostrado, y que todo el mundo ha visto sin comprender, empezará a expresar la sabiduría encontrada en el corazón de tu interior. Muchas personas viajan hacia afuera, esperando encontrar ahí la respuesta a sus preguntas interiores, en los gurús y profesores, en otros lugares y pueblos, en las medicinas y las terapias, y todos juegan su papel. Pero si no buscamos el grial de nuestro interior, no podemos beber de la copa sagrada de nuestra alma, del agua cristalina de nuestro ser. Y esto, amigo, tú sí lo has hecho. El viaje que emprendiste fue difícil y lleno de riesgo. Pero supiste llegar al centro de tu ser. Ahora que sabes qué tesoro se esconde en tu interior, puedes ascender de nuevo y volver a entrar en el mundo con plena consciencia de quién eres y de por qué estás aquí.

Iluminación:

Mi tiempo de calma profunda lleva al descubrimiento personal.

31. EL ORÁCULO

Vida sagrada, comunicación con los espíritus, intervención

Ser el Oráculo significa situarse entre el Divino y lo terrenal, ser aquel que ayuda a los hombres a renovar el contacto con el Divino y a comprender el lenguaje de los espíritus. En este momento te encuentras aprendiendo esta lengua y buscando la forma de despertar la presencia de los espíritus en tu vida. Tú puedes aprender el significado de las señales y los símbolos, comprender la ofrenda que debe hacerse y en qué momento, darte cuenta de la presencia de los Sagrados, a medida que se presentan para comunicarse con las personas. Los oráculos regresan cada vez que se da una época de gran necesidad, manteniéndose alejados de lo inherente a nuestras culturas, de lo mundano, de las cosas del mundo. Y siempre tratan de ayudarnos a todos asegurándose de que sintamos la presencia de los dioses y comprendamos sus deseos y consejos.

Tal vez tú, en otro tiempo, fueras este Oráculo que vivía en las montañas, leía en el humo sagrado y compartía los mensajes de las visiones que tenía. Tal vez, esta sea otra vida que estás recordando. Pero, aunque así fuera, el caso es que, en esta vida, el poder de leer, discernir, comprender y compartir el lenguaje del Divino está contigo. Encierras en tu interior los talentos del Oráculo, y ya ha llegado la hora de despertarlos y ponerte manos a la obra.

Iluminación:

Puedo oír, ver, oler
y sentir la presencia de los espíritus
y traducir sus señales para mí
y para los demás.

32. RESURRECCIÓN

Regresar, renacer, renovarse

Estás a punto de regresar tras un periodo difícil. Has de saber que, en esos momentos de dificultad en los que te sentías tan solo, los seres maravillosos de los mundos escondidos velaban por ti. A pesar de tu desesperación y del sentimiento de abandono que tenías, estos observadores silenciosos tomaban con delicadeza los hilos de tu destino con sus manos para zurcirle los rotos y los descosidos. Seguro que hubo algún momento sutil en el que notaste su trabajo, algún instante imprevisto de esperanza en el que de nuevo te sentiste contento de estar vivo. Ahora, por fin, tienes fuerzas para regresar a la vida que tanto anhelabas. Todo ha sido preparado para ti, y tienes una misión que cumplir en ella, querido. Un trabajo bueno, sagrado y rebosante de amor.

Es hora de empezar otra vez y experimentar las brillantes posibilidades que te rodean. Vivirás momentos de serendipia y sincronicidad en los que seguirás tus propios impulsos intuitivos, así como los que recibas de aquellos que han estado velando por ti. El Divino te ha estado vigilando y ayudando en tu recreación hasta que has renacido —en la misma vida, como si fueras la misma persona, pero siendo mucho más de lo que sentías que eras antes—. Los contratos anteriores de tu alma se han revisado y corregido, se te ha liberado, y ahora te darás cuenta de que la plenitud y la belleza que llevabas buscando tanto tiempo siempre han estado en ti. No necesitas morir para renacer en esta vida, pero deberás abandonar todo aquello que apaga tu alma, dejar de dedicarle tiempo y energía. A partir de ahora, tu objetivo es preservar la belleza que acabas de descubrir y la alegría de tu alma realizada.

Iluminación:

Estoy renaciendo,
mi antiguo yo ha dejado de existir,
y estoy transformándome en el yo que quería ser.

33. LA REUNIÓN

Comunidad, amistad, compañerismo

Cuando los hombres os reunís, nosotros, los seres de los mundos escondidos, observamos los vínculos que tejéis entre vosotros. La comunidad, las amistades, las relaciones que creáis no solo se entretejen de mano en mano y de corazón a corazón. Cuando formáis un círculo, no solo estáis simbolizando la forma de Gaïa, de las estrellas, de los templos de piedra antiguos, de los nidos de los pájaros, del huevo de la Creación, del comienzo, del cero absoluto del que todo nació. Cuando os reunís, estáis tejiendo vuestra propia relación con el Universo. La inteligencia consciente que es el Universo se apoya en relaciones despiertas y sanadoras, movidas por el deseo de comulgar entre ellas y crear un espacio fértil para la sanación y la comprensión.

En los pequeños círculos de tu vida, la sonrisa que regalas sin motivo, la amabilidad que demuestras sin esperar nada a cambio, la ofrenda que haces al que carecía de algo, todos estos actos, crean una comunidad, unas relaciones, un acuerdo. Y todos son sagrados y contribuyen a alimentar y proteger el planeta gracias a tu yo superior. A veces, puede que os reunáis de manera sagrada, vestidos con ropas tejidas de historias, los pies caminando tras los pasos de vuestros ancestros. Pero lo sagrado no se reserva a las grandes celebraciones mágicas. Está igual de presente en cada una de vuestras acciones, de vuestras palabras, de vuestros pensamientos. Y es que es ahí donde el verdadero trabajo se realiza a diario, alma resplandeciente. Así que aprovecha cada día para ofrecer tu ayuda, recibir y tejer relaciones. Porque así es como despertáis todos los templos del mundo, aunque esto no sea visible para vuestros ojos humanos, y los seres de luz se alegran de cada pequeño paso hacia la armonía universal.

Iluminación:

Hoy, crearé comunidad, tejeré una relación. Me conectaré.

34. LA DIOSA DE LA PRIMAVERA

Libertad, acción, poder

Ya vuelve a despertar el mundo con su suave caricia perfumada. Cada ciclo sigue su curso y, cuando llega la hora, los espíritus de la primavera emergen y hacen su trabajo. Cada uno desempeña un papel, desde el hada hasta la diosa que insufla vida de nuevo al mundo adormecido. Cuando se presenta ante ti, sea cual sea la estación en la que te encuentres exteriormente, quiere decir que, por dentro, tu primavera está de vuelta. Acaba de llegar tu momento de renacimiento, es hora de pensar qué quieres que crezca bajo los dulces efluvios del jazmín. No tienes un segundo que perder para aprovechar esta energía escarlata que te llega, palpitante de vida. ¿No la sientes latir en las venas, en las células y en la mente, de la que nacerán las ideas que darán forma al nuevo mundo que se avecina? Formas parte de la siguiente fase de despertar de este planeta, por eso necesitas volver verdaderas y reales —en el seno de este mundo— las ideas que están naciendo en ti. La Diosa de la Primavera te llama a plantar nuevas ideas y participar de este modo en la recreación del mundo.

¡Tienes trabajo por delante, querido! Tienes una misión que cumplir muy distinta de la que te ha asignado la insensible máquina de hacer esclavos que es nuestra cultura de la superproducción. Tienes mucho más y mucho mejor que dar que eso. Tu verdadera vocación rompe todas las limitaciones que te restringían hasta ahora. A partir de este momento, eres libre: libre para hacer de tu vida tu jardín, libre para convertirte en aquello a lo que tu propia naturaleza te ha destinado, libre de volver la vida que la sociedad biempensante preferiría someter a sus fines salvaje de nuevo. El poder puro, fresco y suave de la vida está en ti, así que déjalo derramarse, desbordarse, enraizarse en tu alma y realizarse a través de cada una de tus palabras, acciones, elecciones y compromisos. ¡Deja de dudar! El tiempo de la acción y del crecimiento está aquí y ahora. Despierta tu vida como la Diosa de la Primavera despierta la tierra, porque eres Ella, y Ella es tú. Y, cuando hayas reconocido e integrado eso, nada podrá retenerte prisionero nunca más.

Iluminación:

Cuando crezco y actúo,
no solo me libero a mí mismo;
libero todo a mi alrededor.

35. LA SENDA

Dirección, objetivo, cambio

Sabes adónde debes ir y lo que necesitas hacer. Solo se trata de un momento de duda, de integración de todo aquello que te llevó hasta aquí. El camino que tienes ante ti es claro y evidente para los seres de los mundos escondidos, pero tal vez necesites hacer una pausa antes de proseguir. Los ojos de los humanos no siempre distinguen bien el camino que necesitan emprender para que sus almas puedan continuar el viaje. Hagas lo que hagas en esta fase, has de saber que vas por buen camino. Aunque te detuvieras por completo y te negaras a avanzar, seguirías estando en el buen camino. Si salieras corriendo, te volvieras atrás y te escondieras durante un tiempo, seguirías estando en este mismo camino. Relájate, no puedes equivocarte, querido. Simplemente, no es posible. Tu alma sabe lo que está haciendo, y todo lo que debes hacer tú es elegir la dirección que te lleve hacia una mayor autoestima. No se trata de una fantasía ni de un sueño, y no es ni idiota ni egoísta elegir la dirección que te lleve hacia la expresión más completa de tu verdadero yo, por mucho que digan los demás.

Ten confianza, porque, aunque el camino pueda a veces parecerte oscuro, has franqueado una importante etapa en esta vida y estás avanzando en la buena dirección. Sigue, amigo. Sigue. Te guiaremos en cada etapa. Guiaremos tus pasos por los senderos invisibles hasta que llegues al promontorio desde el que contemplar en todas direcciones. Y ese es, querido, el lugar de la sabiduría, tu destino.

Iluminación:

Cada paso que doy me acerca a la verdadera vocación de mi alma.

36. EL TEMPLO DE LOS SUEÑOS

Sueños sagrados, profecías, viajes al país de los sueños

¿Sabías que los mundos escondidos albergan lugares santos en los que se crean los sueños? Bibliotecas enteras almacenan los sueños necesarios para nuestra evolución, los que hemos soñado y los que estamos destinados a soñar. Están escritos en códigos de luz, tejidos al campo energético universal y son enviados al mundo de los humanos a través de portales y vórtices. Allí, los seres más abiertos a recibirlos lo hacen en forma de ideas, creaciones y, con más frecuencia, sueños. Creamos estos sueños para inspirarte, para ofrecerte las más increíbles posibilidades, para devolverte recuerdos importantes de otras vidas, para informarte sobre las vidas futuras, para transmitirte los lazos que nos unen a todos.

Tu vida soñada es otra vida, no un lugar en el que pasar revista a lo acontecido en el día o al trabajo, ni un lugar de ensayo para prepararte para lo que te espera en tu verdadera vida. Esto pasa, es verdad. Pero los sueños del espíritu te llegarán escritos por los escribas de las sacerdotisas, los dioses y todos los seres divinos de los templos de los sueños. Ahora te darás cuenta de que los sueños que pensabas que eran «solo sueños» —porque no te parecían lo bastante «reales» para ser creíbles— son reales, alma querida. Te los enviaron a ti, ahora te pertenecen, y contienen códigos, energías, mensajes y verdades para que puedas abrirte hasta sentir la sabiduría misma respirando a través de cada una de tus células. Escribiremos los sueños que más necesita tu alma. Seguiremos enviándotelos. Y, si nos lo pides, te enviaremos los sueños que más necesites.

Iluminación:

Los sueños son la escuela de mi espíritu.
Las visiones que recibo son los textos
que mi alma ha sacado de las bibliotecas de los mundos escondidos.

37. EL ESPEJO

Otras vidas, vidas anteriores, vidas multidimensionales

Somos los reencarnados, atravesamos el tiempo y el espacio más allá de los límites trazados por los hombres. Bailamos en la red que conecta los mundos y la hemos recorrido por completo miles y miles de veces. Has sido estrella y piedra, flor y corteza, ciervo y bailarín, sacerdotisa y sirvienta, mago y criado. Evolucionamos a través de muchas formas, amigo, no solo humanas, sino también elementales. Y, cuando volvemos a contemplar todo lo que hemos sido, somos capaces de despertar poco a poco cada fragmento de sabiduría hasta integrarnos plena y completamente en esta vida, para compartir mejor aquello por lo que se nos trajo aquí.

Ahora estás en esa fase de realización. Si te detienes a mirarte al espejo, verás cada recuerdo abriéndose camino hasta la superficie de tu piel, conectándote con las múltiples facetas que te habitan. Tu identidad no se romperá, no se fragmentará, sino que te volverás más completo, más pleno, más presente que nunca. Atrévete a mirar la verdad de frente: eres la tierra, el aire, el agua y el fuego. Eres sacerdotisa y poeta, esclavo y revolucionario. Estás viviendo el espectro completo de los acontecimientos de muchas vidas a través de esta vida de ahora y por fin puedes comprender todos los deseos, todas las conexiones, las relaciones o las pulsiones que aún portas contigo, tal y como surgieron en el transcurso de otras vidas. Ahora es el momento de determinar de qué cosas puedes liberarte y qué otras debes honrar, respetar y cultivar en esta vida. Las otras vidas de muchos de los reencarnados están aquí, en los mundos escondidos, aguardando a que las recordéis. Asómate al espejo y mira cuántos eres.

Iluminación:

Soy un ser multidimensional que ha vivido miles de vidas,
todas ricas en sabiduría y lecciones esenciales.

38. LOS MUNDOS ESCONDIDOS

Cambio de consciencia, concienciación, percepciones extrasensoriales

Del centro de esta flor nocturna emerge un hada nacida en nuestro planeta. Silenciosa, contempla el cielo nocturno echando de menos, tal vez, por un instante, su mundo natal, aquel en el que pasó sus vidas anteriores. Esta es la lección de este ser y de esta carta: a los humanos nos gusta demasiado categorizarlo y separarlo todo, hasta el punto de dejar de ver con claridad lo que tenemos delante. No vemos que, en cada flor, hay un universo y que el hada es indisociable de la flor. No nos damos cuenta de que, cuando dividimos todo en categorías e intentamos comprenderlo todo, fracasamos —o solo tenemos éxito en la división y la separación—, hasta perder totalmente de vista el maravilloso misterio en el que hemos nacido. Nuestra composición celular es idéntica a la de la flor y el hada, de modo que somos mucho más parecidos que distintos. Pero hemos perdido la mayor parte de nuestra capacidad de visión, porque se apoya en el ADN adormilado en nuestro interior. Sin embargo, cuando caminamos bajo las estrellas, contemplamos las flores y empleamos la visión nocturna —la del mundo que emerge cuando se va la luz del sol—, vemos de verdad. Del mismo modo, aunque nos encanten nuestros cinco sentidos físicos, estos nos limitan, nos impiden acceder a otras realidades al afirmar que lo que percibimos con ellos es la única realidad del mundo. ¡Y no hay nada más falso!

De modo que ve más allá, querido amigo. Amando la vida, la verás mejor. Cuando meditamos, comunicamos, suavizamos nuestra mirada y actuamos, algo en nosotros se despierta. Por un momento, durante el breve instante de una visión o bajo la luz iluminadora de una estrella amiga, percibimos las hadas, oímos la voz de los ancestros, sentimos lo que, antes, éramos incapaces de sentir. Estos mundos escondidos están en nuestro interior, en los códigos que se despiertan en nosotros, en el nacimiento de tus propios sentidos, en la capacidad para aprender a ver a través de los velos y comprender que, tú también, formas parte de esos mundos.

Iluminación:

Al abrirme a los mundos más allá de mis sentidos aprendo a reconocer las posibilidades infinitas de aquello a lo que llamamos realidad. Al desplegar la consciencia, los mundos escondidos de mi interior y de mi alrededor se abren y participo en el despertar del planeta.

39. EL REGALO

Presente, condecoración, ofrenda

Ya lo has experimentado antes: a veces, es como si la vida te hiciera un enorme reglo. Puede tratarse de un acontecimiento que transforme tu vida para siempre, durante el cual tengas la profunda sensación de que, a partir del mismo, todo cambia, y lo que era antes no volverá a ser igual. Porque lo que ha ocurrido es un verdadero regalo, una nueva forma de ver, de sentir, de percibir las energías que te rodean. Y, si te ha salido esta carta, es porque eso es justo lo que te espera. La vida te ofrece un inmenso regalo, un presente que es, al mismo tiempo, una recompensa y una petición. Se te pide que recibas plenamente este don de percepción para que empieces a ver lo que hay más allá de los confines del mundo al que llaman «real», y a comprender el lenguaje del espíritu tal y como se expresa en el mundo. Este regalo puede venirte en forma de visiones y conocimientos, pero provienen de una fuente fiable. Discurrirá por ti como una fresca cascada, cuyas aguas confluyeran desde distintas fuentes, como en la ilustración de esta carta, hasta que su veracidad y su presencia en tu vida ya no pueda negarse.

Los seres de los mundos escondidos han depositado en ti su confianza sagrada, te han elegido para que seas su emisario en este planeta. Recuerda que la chispa de lo sagrado brilla incluso en los momentos más ordinarios de nuestra vida. Es la intención, la forma en la que se elige ver y vivir esos momentos, la que determina si nuestras acciones son sagradas, ofrendas, o simplemente gestos mundanos y triviales. Querido amigo, venimos hasta ti y te pedimos que recibas nuestro regalo. Te hemos elegido. Acepta este don y aprende a preservar lo sagrado de cada instante, por muy insignificante o importante que sea. Si aceptas, has de estar preparado para un cambio en tu vida y en ti mismo, pero será para bien, pues la sed intensa de tu alma por fin será saciada.

Iluminación:

Me toca recibir y acepto los dones de los mundos escondidos con alegría y agradecimiento. Mi corazón está abierto.

40. EL SECRETO

Lo desconocido, misterios, maravillas

Avanzamos por este mundo con su invisible presencia a nuestro lado, para ofrecernos las dosis justas de comprensión que necesitamos. Depende de nosotros el aprovecharlas en cada momento. Decimos que queremos saber, que deseamos comprender las razones y el funcionamiento del Universo, pero la verdad es que la capacidad de nuestras mentes para conectarse y comprender un conocimiento tan profundo es limitada, y ese saber supera el marco de lo que la mente humana puede concebir hoy. De modo que es ella quien conserva el misterio de nuestras vidas, aquella que camina junto a nosotros permitiendo que recibamos lo necesario para que sigamos buscando, aspirando a ese conocimiento, soñando y rezando por obtener respuestas. No es que, deliberadamente, nos esté ocultando la información; se trata de un acto lleno de compasión, de una forma de dosificarnos lo que somos capaces de absorber de manera segura. Porque liberar todo el conocimiento de los registros akáshicos, el poder de todas las almas, y confiar esta inmensa sabiduría a un solo individuo lo enloquecería.

De modo que has de saber que hay cosas que no conoces que seguirán siendo un misterio. Y aceptar que esos secretos lo sean por tu bien. Concéntrate mejor en las leyes con las que ya puedes trabajar. Toma consciencia de la infinita belleza que contiene una sola alma, portadora de tantas vidas e identidades y, al mismo tiempo, minúsculo fragmento de un conjunto mucho más vasto y maravilloso todavía. Por eso es por lo que regresamos vida tras vida, porque anhelamos vivir muchas cosas. Esa es la razón por la que has sufrido y combatido, aprendido y abandonado para acabar experimentando la compasión en tu interior. La totalidad de tu magnificencia te será de nuevo visible cuando vuelvas a encontrarte entre dos vidas y regreses a la fuente de las almas. Ella guarda el secreto y tú la llave, y estás descubriéndolo poco a poco, cada vez que respiras, cada vez que das un paso en este viaje llamado vida.

Iluminación:

Estoy en paz con el misterio de mi existencia.
Continúo explorando y descubriendo,
y sé que hay secretos mayores
y muchas otras vidas para explorarlos.

41. LA ADIVINA

Perspectivas futuras, decisiones pendientes, búsqueda de orientación

Antiguamente, para conocer el futuro, acudíamos a los videntes y a los sabios, porque ellos eran quienes sabían utilizar las herramientas ocultas y sagradas, asomarse a sus profundidades y ver emerger en ellas los símbolos necesarios para comprender y guiar nuestras vidas. Hoy en día, solemos ser nosotros nuestros propios médiums, a menos que acudamos a un cartomántico, a un amigo o a un terapeuta que comprenda nuestra psique. Esta carta te está invitando a creer que existe una vidente cósmica, una adivina de los mundos escondidos que contempla su bola de cristal solo para ti. Ve tu futuro, por la noche murmura en tus sueños y de día te manda señales para prevenirte de lo que va a ocurrir. Podrás oírla, sobre todo, en los momentos de paz y silencio, cuando te guíe con sus extrañas palabras para que seas capaz de crear lo que debes crear en el presente y así el futuro sea lo que es para ti.

Parte de nuestro destino ya está escrito. La estructura de nuestra alma implica que algunos acontecimientos, personas y posibilidades se conecten con nosotros y entrelacen con nuestros días. Pero también existen otros acontecimientos que creamos y elegimos nosotros, y es ahí donde la adivina puede ayudarte. En este momento, te está pidiendo que observes con detenimiento, que elijas en comunión con tu propio interés y que reduzcas las distancia que se ha creado entre ti y el espíritu. De ti depende volver a retomar estas valiosas herramientas. Busca un momento para estar solo y ver con claridad. Y no olvides que la Adivina ancestral se encuentra junto a ti para guiarte hacia un futuro prometedor, rico en significados. Da las gracias por lo que queda por llegar y, cuando la misteriosa llame a tu puerta, ¡estate preparado!

Iluminación:

Veo mi futuro con claridad y lo creo de manera consciente con cada una de mis elecciones del presente.

42. EL ÁRBOL DE LAS ALMAS

Sabiduría colectiva, familia de almas, biblioteca universal

Los mundos escondidos también albergan lugares y seres que funcionan como almacenes, literalmente, de la sabiduría de todos los tiempos. Las bibliotecas akáshicas no siempre se presentan en forma de libros de luz. Lo mismo ocurre con el canto de las ballenas, que encierra parte de la importante sabiduría necesaria para el mantenimiento del Universo. El Árbol de las Almas es uno de esos almacenes, de esas bibliotecas universales, y puede ser la tuya. Si dedicas tiempo a meditar sobre él, a conectarte realmente con él, verás cómo te transmite la sabiduría de tu familia de almas: conocimientos ancestrales, por supuesto, pero también un saber colectivo, el del grupo de almas del que formas parte. Al conectarte a este árbol, al imaginarlo y sentirlo, al servirle con tu respeto, puedes contribuir a mantener vivo el equilibrio del Universo.

Este árbol alberga y apoya la chispa de tu alma, así como toda su sabiduría, que es, como ya hemos visto, tan vasta que sería imposible comprenderla en una sola vida. Cada momento de sabiduría que tienes, cada vez que elijes ser amable y compasivo, nutres de luz al Árbol de las Almas. Y de ello se alimentan, a su vez, todas las almas ligadas a él. Porque, aunque seamos almas únicas e individuales, formamos todos Uno, somos las hojas y las raíces de un solo y único árbol. El árbol es, así, el lugar de reunión, el pilar de nuestra tribu de luz, y nos alberga y nos alimenta, como guardianes de su luz. Este es el árbol de tu alma. Has de saber que no estás solo y que cada acto de amor que realizas no solo lo aprovechan los demás, sino también la progresión de sus almas en su camino por el Universo. Cada alma es una estrella centelleando en este árbol de luz.

Iluminación:

Pertenezco al Universo y formo parte de un gran colectivo de almas que se ayudan y se apoyan unas a otras todo a lo largo de sus vidas.

43. EL ESPÍRITU DEL AGUA

Emociones, memoria, fuerza de vida

¿Sabías que cada superficie de agua alberga un espíritu, por lo general invisible? Sin embargo, cuando los seres de los mundos escondidos elegimos que se nos vea, no se puede seguir negando nuestra presencia. El agua es inteligente. Es fuente de energía y es vital para la vida en este mundo. Es el elemento que contiene la historia, los recuerdos, las emociones y los misterios sutiles de la psique. El Espíritu del Agua te está invitando a que tengas en cuenta tus propias emociones y recuerdos, a que te conectes más profundamente con el agua de tu vida, a que la sacralices y te comuniques con los espíritus del agua para aprender de su inteligencia y de su sabiduría emocional.

El espíritu de esta carta te mira y espera tu agradecimiento. Espera que comprendas la necesidad del equilibrio emocional, la importancia de la sanación a través del recuerdo; que comprendas lo que reprimes o emanas de manera inconsciente y la vitalidad que se desprende de ello. Busca en tu interior, porque tú también eres un ser de agua, un ser especial. Pregúntate: ¿A qué me estoy aferrando? ¿Qué es lo que guardo en mi interior? ¿Es vital? ¿Es fuente de vida? ¿Soy capaz de deshacerme de aquello que me estanca y hace que me sienta sucio? De todas las fuerzas de vida, el agua es la que forma parte de ti en mayor proporción, de modo que su espíritu también vive en ti, en tu sangre, en tus lágrimas, en cada recuerdo y en cada emoción. Deja que tu energía de agua sea energía de sanación, vibración de vitalidad, de crecimiento y de amor, una especie de honor. Venera al espíritu del agua, no como un ídolo, sino como fuente de vida sagrada. Venera también el agua que hay en ti, sé igual de fluido, de honesto y de límpido que el agua.

Iluminación:

Cuando me vuelvo tan fluido como el agua,
la vibración de mis emociones y de mi psique se hace ligera y alegre.

44. REGRESO AL HOGAR

Transición, vida entre las vidas, calurosa bienvenida

Nos sentamos en la cabecera del ser querido a punto de partir y vemos el cambio en sus ojos, cómo se maravillan al penetrar lentamente entre los mundos y prepararse para adentrarse en aquel escondido del más allá. Todos vamos a pasar por ese momento, una y otra vez, aprendiendo cada vez más sobre lo que significa el proceso de la muerte. Se entiende el morir; no así la muerte y su conocimiento. De modo que nos sentamos a su lado, lo tomamos la mano y, en el momento de cruzar el portal, sus ojos perciben reinos que a nosotros nos son invisibles. Cuando por fin lo cruce, será recibido por una gran celebración, pues aquellos que lo amaron lo estarán esperando al otro lado de la puerta que separa la vida de la muerte. No se trata de ninguna alucinación, están ahí, son reales e importantes para la persona que está apunto de partir. Cuidarán de su alma a medida que se eleve y guiarán su identidad hacia la vida entre las vidas. Será una acogida maravillosa, en la que se derramarán lágrimas de alegría. El dolor y la pena habrán quedado atrás. Al igual que la enfermedad o la herida. Y se reunirá con todos los que se marcharon primero. Si en esta vida de aquí se sentía solo, más allá del portal estará rodeado de sus amigos de verdad y su familia de almas; si no los de esta vida, los de las anteriores.

La alegría, la felicidad y el éxtasis de estos encuentros no podemos comprenderlos los que nos quedamos aquí, pues nos enfrentamos a la pena de la desaparición de nuestro ser querido. Pero te aseguro, amigo, que tu regreso al hogar será tan hermoso y lleno de amor como el suyo, y permanecerás un cierto tiempo en ese mundo entre las vidas hasta que elijas la siguiente etapa del desarrollo de tu alma. Pero no es el momento de hablar de eso, sino de despedirnos y de dejar marchar a los que se preparan para volver a casa.

Iluminación:

Cuando dejamos esta vida, a todos se nos acoge con amor, luz, bendición y alegría en el otro lado. Dejo marchar a los que amo sabiendo que estarán acompañados y que los aguardan felices reencuentros.

SOBRE LA AUTORA

Lucy Cavendish es una aclamada autora espiritual y experta en clarividencia conocida a nivel internacional. De niña mostró sólidas dotes extrasensoriales y, al no hallar respuestas en el colegio ni en la religión convencional, se lanzó a una búsqueda personal para comprender y desarrollar sus aptitudes mágicas. Criada en Sídney, Australia, ha vivido en París, Londres y EE.UU. Cuando no está escribiendo o dando conferencias, navega por el océano, deambula en las profundidades de los bosques feéricos o baila con los espíritus de los vetustos círculos de piedra.

En la actualidad, Lucy es una conferenciante encantadora y fascinante en el campo de la inspiración, donde destacan sus conocimientos profundos de los ritos y lugares sagrados, la magia, la brujería, el folclore, las prácticas espirituales alternativas y las tradiciones intuitivas. Comparte sus conocimientos y dotes con el objetivo de inspirar a personas clarividentes para que rompan con su condición, se abran a su potencial, descubran su propio poder personal y se atrevan a vivir sus vidas con autenticidad, brillantez y valor. Lucy se ocupa del desarrollo personal espiritual, y su formación intuitiva abarca las sombras y la luz. Tanto presencialmente como en sus publicaciones, la visión, la compasión, la sabiduría, el humor y la percepción de Lucy son excepcionales.

Lucy imparte clases y conferencias por todo el mundo; sus libros y barajas de cartas oráculo están traducidos a múltiples lenguas y ha sido invitada a programas de televisión como *Studio Ten, The Project* y *The Morning Show*. Su trabajo repercute con fuerza en aquellos buscadores contemporáneos de espiritualidad que desean prepararse para crear vidas valientes, de aventura espiritual y magia enriquecedora.

Entre sus publicaciones, destacan *Witches and Wizards, Spellbound: The Secret Grimoire of Lucy Cavendish, The Lost Lands: A Magickal History of Lemuria, Atlantis and Avalon, White Magic: A Guide to Living an Enchanted Life* y la trilogía *Witchy Magic, Faery Magic* and *Mermaid Magic* en colaboración con Serene Conneeley. Sus barajas de cartas oráculo más vendidas incluyen Blessed Be: *Mystical Celtic Blessing Cards to Enrich and Empower, Oracle of the Mermaids, Oracle of the Shapeshifters, Les Vampires, Wild Wisdom of the Faery Oracle, Oracle of the Dragonfae, Alice: The Wonderland Oracle,* el tarot oráculo *The Oracle Tarot,* publicado en 2002, y, en español: *El oráculo de las hadas, Los espíritus del bosque: el oráculo del mundo de la naturaleza salvaje* y el *Oráculo de luces y sombras.*

Para más información sobre Lucy, consulta su página web:
www.lucycavendish.com.au

SOBRE EL ARTISTA

Gilbert Williams es un artista visionario reconocido en el mundo entero. Comenzó a explorar la conexión entre los espíritus, la naturaleza y la arquitectura antigua a principios de los años setenta, y vendió su trabajo durante más de treinta años a galerías estadounidenses, desde Beverly Hills hasta Miami, así como a coleccionistas internacionales. En la actualidad está jubilado y reside en el valle del Hudson, disfrutando y experimentando con nuevos estilos pictóricos como forma de meditación.